経営側弁護士
による

 精選 労働判例集

第13集

石井妙子　岩本充史　牛嶋　勉
岡芹健夫　緒方彰人　中町　誠
渡部邦昭

労働新聞社

はじめに

　労働紛争には、大きく個々の労働者と使用者が争うもの（個別的労使紛争）と、労働組合等と使用者が争うもの（集団的労使紛争）があります。近年では、解雇・雇止め、労働条件の格差問題、未払い賃金の請求等、多種多様な個別的労使紛争が増加傾向にあるだけでなく、件数の増加とともに内容も複雑化してきております。このような中で、紛争に伴う多大な時間の消費と費用の損失を考えると、労使紛争の未然防止および紛争発生後の適切な対応が必要不可欠といえます。そこで、同種の事案で裁判になったものの内容を精査し、その中から実務面での対応策を検討することはとても有意義なものです。

　本書は「労働新聞」で人気の高い「職場に役立つ最新労働判例」連載記事のうち、2022年に掲載されたものにつき加筆・修正を加えたもので、今回で第13集目の発行となります。第12集までと同様執筆者の方に精選していただいた裁判例について、「事案の概要」「判決のポイント」「応用と見直し」の3点につき、重要な点を簡潔に解説いただいております。特に「応用と見直し」では、裁判の内容を踏まえて、会社が留意すべき事項を指摘しており、実務上参考になるものとなっております。

　本書が良好な労使関係の構築、労使紛争の未然防止や解決にお役にたてば発行者として幸いです。加えて、第13集が発行できたことにつき、読者の皆様に厚く御礼申し上げます。

　最後になりますが、本書の発行および内容の再点検につき快くお引き受けいただきました石井妙子先生、岩本充史先生、牛嶋勉先生、岡芹健夫先生、緒方彰人先生、中町誠先生、渡部邦昭先生（五十音順）に、心より感謝申し上げます。

2023年6月

労働新聞社

目 次

労働条件

❖ 大学の非常勤講師、無期転換まで 10 年間必要⁉：岡芹　健夫
　－学校法人専修大学（無期転換）事件－（東京地判令 3・12・16）……　10

❖ 葬儀会社の代理店従業員、委託元と雇用関係？：中町　誠
　－ベルコ（労働契約申込みみなし）事件－（札幌地判令 4・2・25）……　14

❖ "アイドルは労働者" として未払最低賃金求める：岩本　充史
　－Ｈプロジェクト事件－（東京地判令 3・9・7）……………………　18

❖ 年休取得日は勤務実績ないと一部手当をカット：中町　誠
　－日本エイ・ティー・エム事件－（東京地判令 2・2・19）…………　22

❖ 生徒減り赤字状態、職能等級導入し賃金 2 割減：岡芹　健夫
　－学校法人梅光学院事件－（山口地裁下関支判令 3・2・2）…………　26

❖ 同意しないまま 2 年連続年俸減らされ差額請求：岩本　充史
　－学究社事件－（東京地判令 4・2・8）………………………………　30

❖ 地域限定職へ変更手続きせず基本給一部返金⁉：岩本　充史
　－ビジネスパートナー事件－（東京地判令 4・3・9）………………　34

❖ 運行管理業務で中途採用、倉庫部門へ配転は？：石井　妙子
　－安藤運輸事件－（名古屋高判令 3・1・20）………………………　38

割増賃金等

❖ 障害者施設で寝泊まり、不活動時間の割増賃金請求：渡部　邦昭
　－グローバル事件－（福岡地裁小倉支判令 3・8・24）………………　42

❖ 賃金規程や契約書なし、外勤手当は割増賃金？：石井　妙子
　－浜田事件－（大阪地裁堺支判令 3・12・27）………………………　46

❖ 夜間当番の呼出待機、行動自由で残業代なし？：石井　妙子
　　－システムメンテナンス事件－（札幌高判令4・2・25）…………………… 50

損害賠償等

❖ 資格外活動で逮捕された技能実習生が賠償請求：緒方　彰人
　　－千鳥ほか事件－（広島高判令3・3・26）………………………………… 54

❖ 株主代表訴訟で取締役らに過労自殺の賠償請求：緒方　彰人
　　－肥後銀行事件－（熊本地判令3・7・21）……………………………… 58

❖ コロナ流行中に出勤を命じた派遣元に賠償請求：緒方　彰人
　　－ロバート・ウォルターズ・ジャパン事件－（東京地判令3・9・28）… 62

❖ 配属部署が存続不能で新卒留学生の入社困難に：岡芹　健夫
　　－エスツー事件－（東京地判令3・9・29）………………………………… 66

❖ 所定休日は元請で副業し連勤・長時間労働に…：牛嶋　勉
　　－大器キャリアキャスティングほか1社事件－（大阪地判令3・10・28）… 70

❖ 社外転身促す研修受講命じられ損害賠償求める：渡部　邦昭
　　－日立製作所（退職勧奨）事件－（東京地判令3・12・21）…………… 74

❖ 定期健康診断の病院選んで受診すると自腹に？：岩本　充史
　　－セヴァ福祉会事件－（京都地判令4・5・11）………………………… 78

❖ 石綿粉じんで病気に、国と建材会社へ賠償請求：岡芹　健夫
　　－国・建設アスベスト（神奈川）事件－（最一小判令3・5・17）……… 82

雇止め

❖ 退職後発覚した非違行為、訴訟で主張できる？：中町　誠
　　－広島山陽学園事件－（広島高判令2・2・26）……………………………… 86

❖ 有期契約当初から5年上限、雇止め有効か：石井　妙子
　　－日本通運（川崎・雇止め）事件－（横浜地裁川崎支判令3・3・30）… 90

❖ 医師を 1 か月間有期雇用、契約更新 1 回でクビ：岩本　充史
　　－医療法人社団悠翔会事件－（東京地判令 3・3・31）……………… 94

❖ コマ数削減を拒否した予備校講師の雇止めは？：緒方　彰人
　　－学校法人河合塾事件－（東京地判令 3・8・5）……………… 98

❖ 無期転換権行使した大学講師を期間満了雇止め：岡芹　健夫
　　－学校法人茶屋四郎次郎記念学園事件－（東京地判令 4・1・27）……… 102

❖ 更新 1 回で雇止めされた看護師が地位確認請求：渡部　邦昭
　　－学校法人沖縄科学技術大学院大学学園事件－（那覇地判令 4・3・23）… 106

懲戒処分

❖ 書類提出に非協力的で協調性欠くとけん責は？：中町　誠
　　－テトラ・コミュニケーションズ事件－（東京地判令 3・9・7）……… 110

❖ 友人が飲酒運転する車両へ部下同乗、本部長の管理監督責任：石井　妙子
　　－みよし広域連合事件－（徳島地判令 3・9・15）……………… 114

❖ 暴行した被害者へ「口封じ」、さらに懲戒処分は：中町　誠
　　－氷見市消防職員事件－（最三小判令 4・6・14）……………… 118

❖ 出張旅費 100 回も不正受給、懲戒解雇は有効 !?：牛嶋　勉
　　－日本郵便（地位確認等請求）事件－（札幌高判令 3・11・17）……… 122

❖ 育児介護理由に転勤拒否、解雇され無効と提訴：牛嶋　勉
　　－ NEC ソリューションイノベータ事件－（大阪地判令 3・11・29）…… 126

解雇

❖ 試用期間の延長同意、就業規則に延長の根拠規定はなく無効？：石井　妙子
　　－地位確認等請求事件－（東京地判令 2・9・28）……………… 130

❖ 情報漏えいで解雇、退職金 3 割とした一審は？：牛嶋　勉
　　－みずほ銀行事件－（東京高判令 3・2・24）……………… 134

❖ 事業所閉鎖し解雇、やむを得ないとした一審は？：岡芹　健夫
　　－ネオユニット事件－（札幌高判令 3・4・28）………………………… 138

❖ ストーカー行為の諭旨免職、重すぎたとした一審は？：牛嶋　勉
　　－ PwC あらた有限責任監査法人事件－（東京高判令 3・7・14）……… 142

❖ コロナで収入激減、タクシー会社解散しクビに：渡部　邦昭
　　－龍生自動車事件－（東京地判令 3・10・28）………………………… 146

❖ 社名入り制服やカートを使用し労働者性あり!?：岩本　充史
　　－ロジクエスト事件－（東京地判令 2・11・24）……………………… 150

❖ 無期転換後まもなく定年、継続雇用せず解雇は：牛嶋　勉
　　－ NHK サービスセンター事件－（横浜地裁川崎支判令 3・11・30）…… 154

❖ 成田事業場を閉鎖、整理解雇有効の一審判断は：岡芹　健夫
　　－ユナイテッド・エアーラインズ事件－（東京高判令 3・12・22）…… 158

退職

❖ "業務上" 傷病を休職と誤記、満了時の扱いは？：岩本　充史
　　－丙川商店事件－（京都地判令 3・8・6）……………………………… 162

❖ 退職日の日付なしでも、退職の合意成立：石井　妙子
　　－日東電工事件－（広島地裁福山支判令 3・12・23）………………… 166

❖ 退職願は未提出、口頭の辞意表明撤回できるか：渡部　邦昭
　　－ A 病院事件－（札幌高判令 4・3・8）………………………………… 170

団体交渉

❖ 団交開催に 3 つの条件、組合合意せず交渉拒否：緒方　彰人
　　－国・中労委（アート警備）事件－（東京高判令 2・8・20）………… 174

❖ 誠実な団交求める横断幕や旗、会社が撤去請求：渡部　邦昭
　　－ O 工業事件－（名古屋地決令 3・7・5）…………………………… 178

❖ 無理な団交強いると労委命令取り消した原審は：中町　誠

　－山形大学事件－（最二小判令4・3・18）……………………………… 182

その他

❖ 残業代含まない労災給付額は誤りと取消し請求：中町　誠

　－休業補償給付支給決定取消請求事件－（東京地判令4・4・13）……… 186

❖ 美容院店長が顧客情報利用禁止の仮処分求める：緒方　彰人

　－Ｘ事件－（横浜地決令4・3・15）……………………………………… 190

凡　例

最大判	最高裁判所大法廷判決
最一小判	最高裁判所第一小法廷判決
最二小判	最高裁判所第二小法廷判決
最三小判	最高裁判所第三小法廷判決
高判	高等裁判所判決
地判	地方裁判所判決
支判	地方裁判所支部判決
地決	地方裁判所決定
労判	労働判例（産労総合研究所）
労経速	労働経済判例速報（日本経団連）
労判ジャ	労働判例ジャーナル（労働開発研究会）
判時	判例時報（判例時報社）

大学の非常勤講師、無期転換まで 10 年間必要 !?

－学校法人専修大学（無期転換）事件－（東京地判令 3・12・16）

弁護士　岡芹　健夫　　　　　　　　　　　　　　　　［労判 1259 号 41 頁］

　無期転換権の行使を拒否された大学の非常勤講師が、期間の定めのない雇用契約上の地位確認等を求めた。大学は、10 年経過しなければ転換権がないとする科技イノベ活性化法の適用があると主張した。東京地裁は、研究開発や関連業務に従事せず研究者には当たらないとして請求を認めた。職務は授業や試験等に限られ、研究で裏打ちされた見識に基づくとしても業務自体は研究等に該当しないとした。

研究者に当たらず、5 年ルール適用し地位確認

 事案の概要

　Y は、S 大学などの大学を設置している学校法人であり、X は、S 大学において、A 語の非常勤講師として就労してきたものである。

　平成元年 4 月 1 日ごろ、Y と X は、約 1 年の有期労働契約を締結し、労働契約法 18 条が適用される平成 25 年 4 月 1 日以後も更新してきた。X は、学部生に対し、教養科目としての A 語の初級から中級までの授業、試験および関連する業務を担当しているが、研究関連業務には従事しておらず、研究室の割当てや研究費の支給も受けていない。

　令和元年 6 月 20 日、X は Y に対し、X が組合員として加入する F 組合と Y との団体交渉において、同組合を通じて、労契法 18 条 1 項の無期労働契約への転換申込権が発生したと主張して、無期労働契約を申し込む旨の意思表示をした。同年 12 月 16 日、Y は F 組合に対し、X と Y との間の労働契約は、科学技術・イノベーション創出の活性化に関する法律（以下「科技イノベ活性化法」）15 条の 2 第 1 項 1 号に該当し、契約期間が 10 年を超えるまで無期転換申込権は発生しないため（以下「10 年超えの特例」）、X に無期転換申込権を認めることはできない旨回答した。

Yは、本件無期転換申込みの有期労働契約の契約期間満了日の翌日（令和2年3月14日）に至っても、Xの無期転換申込権を認めなかった（なお、YとXとの間の労働契約は本件訴訟時も継続しているが、Yは、期間の定めがある旨主張している）。そこで、XはYを相手に、期間の定めのない労働契約上の権利を有する地位にあることの確認等を求めて提訴した（Xは、Yが無期転換申込権を認めない取扱いをしたことが不法行為に該当するとして損害賠償も求めたが、この点については本稿では省略する。なお、請求を棄却している）。

 判決のポイント

ア （Xは、不法行為に基づく損害賠償を求める給付の訴えを提起しているが）Xに無期転換申込権があるからといって、損害賠償請求が認容されるとは限らない。そうすると、地位確認請求以外に、Xの権利又は法律的地位の危険または不安を除去するための他の直接かつ抜本的な紛争解決手段があるということはできない。したがって、XとYとの間に、（労働契約の）期間の定めの有無について争いがあることにより、Xには雇止めによる契約終了の危険または不

安があり、これを除去するためには、被告に対し確認判決を得ることが必要かつ適切であると認められる。以上から、Xの地位確認請求については確認の利益がある。

イ 科技イノベ活性化法15条の2の立法趣旨は、科学技術に関する試験若しくは研究又は科学技術に関する開発は、5年を超えた期間の定めのあるプロジェクトとして行われることも少なくないところ、このような有期のプロジェクトに参画し、研究開発及びこれに関連する業務に従事するため、研究開発法人又は大学等を設置する者と有期労働契約を締結している労働者に対し、労契法18条によって通算契約期間が5年を超えた時点で無期転換申込権が認められると、無期転換回避のために通算契約期間が5年を超える前に雇止めされるおそれがあり、これによりプロジェクトについての専門的知見が散逸し、かつ当該労働者が業績を挙げることができなくなるため、このような事態を回避することにあると解される。なお、教育のみを担当する講師については、学校教育法…及び大学設置基準…が想定する教育及び研究を行う教授又は准教授に準ずる職務に従事する者とはいえないの

であるから、これを「研究者」として10年超えの特例の対象とすることは想定していなかった。したがって、…大学において、研究開発及びこれに関連する業務に従事していない非常勤講師については、同号の「研究者」とすることは立法趣旨に合致しない。

ウ 「大学の教員等の任期に関する法律」（以下「任期法」）は、…10年超えの特例が適用される対象を限定した上、手続的にも厳格な定めを置いている。科技イノベ活性化法15条の2第1項1号の「研究者」につき、研究実績がある者、又は、大学等を設置する者が行った採用の選考過程において研究実績を考慮された者であれば「研究者」に該当すると解した場合、大学教員は、研究実績がある者（等）がほとんどであるから、任期法が適用対象を限定したことは無意味となり、このような解釈は不合理である。したがって、「研究者」というには、…大学等において、研究開発及びこれに関連する業務に従事することを要するものと解される。

エ Xの職務は、学部生に対する初級から中級までのA語の授業、試験及びこれらの関連業務に限られており、これがXの研究業績によって裏打ちされた見識に基づくものであったとしても、研究及びその関連業務であると認めることはできない。Xは、…「研究者」には当たらない。XとYとの間に、（本件無期転換申込み）当時の有期雇用契約の契約期間満了日の翌日である令和2年3月14日を始期とする期間の定めのない労働契約が成立したものと認められる。

 応用と見直し

労契法18条は、有期雇用契約者が1人の使用者との締結した2つ以上の雇用契約の期間が5年を超えれば、当該有期雇用者に対して無期転換権が成立するとしている（ただし、期間のカウントは平成25年4月1日以降に開始した有期労働契約が対象となる）。一方、科技イノベ活性化法15条の2はこれに対する特則を規定し、1号では、「研究者」に該当する者については、上記の「5年」を「10年」とするとしており、Xが「研究者」に該当すれば、本件無期転換申込み時では平成25年4月から10年を経ていないため、無期転換権は生じていなかったこととなる。

そこで、Xが上記「研究者」に該当

するか否かが問題となったのであるが、本件判決は、前述［判決のポイント］エのとおり、Xが現実的、外形的に行っている業務内容に研究が入っていないことを重視して、「研究者」性を否定していることが注目される。高度の教育を行う大学は、生徒に対する教育についても、その講師自身による研究に裏打ちされたものでなければ有意にはなり得ないし、そのような個人の研究実績を考慮して大学も講師を採用するのが実情と思われるが、そういった講師の授業の経緯、背景がさして重視されなかったことには、意見の相違があるかも知れない。本件は控訴されており、そこでの判断が注目される。

MEMO

葬儀会社の代理店従業員、委託元と雇用関係？

―ベルコ（労働契約申込みみなし）事件―（札幌地判令4・2・25）

弁護士　中町　誠

[労判 1266 号 6 頁]

> 冠婚葬祭業務を請け負う代理店の従業員が、委託元に対し未払賃金等を求めた。札幌地裁は、自己の労働者を自ら直接利用するか、請け負った業務を独立して処理するかのいずれにも該当する場合を除き、派遣に当たると判示。指揮命令関係から無許可派遣と判断した。委託元とは雇用関係がないとの書面を提出させ、労働契約申込みみなしの権利行使を妨げたとして慰謝料を命じた。

無許可派遣で「みなし」対象、権利行使妨げ違法

 事案の概要

被告ベルコは、互助会員募集業務等を株式会社仁智および株式会社ライズに委託し、少なくとも形式的には、仁智の下で原告a、原告bおよび原告cが就労し、ライズの下で原告dが就労していた。本件の請求は、多岐にわたるが、（紙面の関係上一部省略）、一部認容された本件の予備的請求は、原告らが、被告ベルコは法令の規定に反して労働者派遣の役務の提供を受け、もって原告らに損害を与えたなどと主張して、被告ベルコに対し、不法行為に基づき、それぞれ損害金等の支払いを求めたものである。

 判決のポイント

労働者派遣法にいう労働者派遣事業に該当するか否かを判断するに当たっては、請負等の形式による契約により行う業務に自己の雇用する労働者を従事させることを業として行う事業者であっても、当該事業主が当該業務の処理に関し、(1)自己の雇用する労働者の労働力を自ら直接利用するものであること、及び、(2)請負等の契約により請け負うなどした業務を自己の業務として当該契約の相手方から独立して処理するものであることのいずれにも該当する場合を除き、労働者派遣事業を行う事業主とするのが相当である。

仁智及びライズが原告らに対し、葬儀施行業務について、業務遂行に関す

る指示・管理をしていたか、労働時間等に関する指示・管理をしていたか、企業の秩序の維持・確保のための指示・管理をしていたかについて検討する。…葬儀施行業務における各種の指示・管理を自ら行っていたとはいい難いのであって、…仁智及びライズは自己の雇用する原告らを他人のために…労働に従事させたものであり、かかる従事は労働者派遣に該当する。さらに、…仁智及びライズが、被告ベルコから委託を受けた葬儀施行業務を、自己の業務として、被告ベルコから独立して処理していたということも困難である。

仁智及びライズは、自己の雇用する原告らを、当該雇用関係の下に、かつ、他人の指揮命令を受けて、当該他人のために葬儀施行業務に係る労働に従事させたというべきであって、かかる従事は労働者派遣法にいう労働者派遣に該当する。したがって、被告ベルコは、同法24条の2の規定に違反して労働者派遣の役務の提供を受けたものであるから、同法40条の6第1項2号の行為（編注：無許可派遣）を行ったものとして、同項の規定に基づき、原告らに対し、労働契約の申込みをしたものとみなされる。労働者派遣法40条の6第1項は、労働者派遣による役務の提供を受けた者が労働契約の申込みをしたも

のとみなし、もって、派遣労働者に対し、当該役務提供を受けた者との間で労働契約を締結するかどうかについて、選択権を付与したものと解される。そして、同法の趣旨が派遣労働者の保護を図るところにあることにも照らすと、かかる選択権は法律上保護されたものというべきであって、当該役務提供を受けた者は、派遣労働者の選択権の行使を妨害しないよう注意すべき不法行為法上の義務を負うものと解するのが相当である。

しかるに、被告ベルコは、代理店に対し、FA（営業職員）に「確認書」と題する書面を…作成させるよう指示していた。その「確認書」には、…FAは代理店の従業員として雇用されており、被告ベルコとは何らの雇用関係も存在しないこと…が記載されていた。被告ベルコのこのような指示は、原告らに対し、労働者派遣法40条の6第1項の労働契約のみなし申込みなどされておらず、自身が被告ベルコとの間で労働契約や労働条件について主張する立場にないとの認識を抱かせ、もって上記の選択権の行使を不当に妨げるものといわざるを得ない。したがって、被告ベルコの上記行為については、不法行為が成立する（精神的慰謝料として各自10万円認容）。

応用と見直し

本件は、労働者派遣法第 40 条の 6 第 1 項に定める違法派遣の場合の労働契約の申込みみなし制度の適用を認めた事案である。本条は平成 24 年改正により設けられ、平成 27 年から施行されている。その趣旨は、違法派遣を受け入れた者（善意無過失を除く）の責任に着目し、その者に対し契約締結の強制という民事的な制裁を科すことで労働者派遣法の規制の実効性を確保することにある。みなしの適用の類型は本条の 1 号ないし 5 号に限定列挙されているが、本件は 2 号の派遣元事業者以外の者から労働者派遣の役務の提供を受けた場合に該当するとされたものである。本件はいわゆる偽装請負の事案であるが、労働者派遣かどうかについては、「労働者派遣事業と請負により行われる事業との区分に関する基準」（昭 61・4・17 労働省告示第 37 号）が本判決でも参照されている（なお厚労省作成の「37 号告示関係疑義応答集」も具体的で実務的に有用）。派遣元が許可を受けている場合の偽装請負のケースは同法 5 号の問題となるが、その要件としては脱法目的であることが加重されている（適用肯定例として、東リ事件＝大阪高判令 3・11・4）。

結果論であるが、原告らが当時みなし申し込みに承諾の意思表示をすれば、派遣労働者の労働条件と同一の内容の契約が被告との間で成立したはずである。しかし、本件当時はみなし制度が施行されたばかりで、かつ被告の「確認書」提出指示等もあり、承諾の意思表示をしなかったことは無理からぬことである。本判決はこの点を被告の選択権侵害との法的構成で（慰謝料名目で）一部救済したことになる。この選択権侵害という法的構成はすでに日本貨物検数協会事件（名古屋地判令 2・7・20）で示されていたが、具体的に不法行為の成立を認めたのは本判決が初めてである。

なお本件では、さらに原告らが被告ベルコに対して、黙示の労働契約の成立を主張したが、本判決は「被告が詳細な服務規律を定めたり、勤務時間や勤務場所を指示・把握したり、葬儀施行業務に不備があった場合に FA に対し直接不利益を課したりするといった指揮命令・監督にまでは及んでおらず、採用や互助会契約に関する業務上の指示、葬儀施行業務に従事すること自体に関する指揮命令、FA の労務管理や評価、人事権の行使、給与の額の決定や支払は、いずれも労働契約の直接の当事者である仁智及びライズが行ってい

たもの」として、原告らと被告との間の黙示の労働契約を否定した。先例であるパナソニックプラズマディスプレイ事件（最二小判平21・12・18）を踏襲した判断である。

MEMO

"アイドルは労働者"として
未払最低賃金求める

ーＨプロジェクト事件ー（東京地判令3・9・7）

弁護士　岩本　充史　　　　　　　　　　　　［労判 1263 号 29 頁］

　農業活性化を図るため結成されたグループのアイドルの労働者性を争った事案。最低賃金法の適用に関して、東京地裁は、販売応援など各タレント活動を行うか否かの「諾否の自由」を有しており、労働者性を否定。イベント参加を促す発言は認められるが、参加の自由を制約するとまではいえないとした。報酬は収益の一部を分配するもので、労務の対償としての性質は弱いとしている。

タレント活動に諾否の自由、労務対償性は弱い

 事案の概要

　本件は、Ａの相続人であるＸらが、Ａとアイドル活動等に関する専属マネジメント契約等を締結していたＹに対し、Ａは労働基準法上の労働者であると主張した事案である。Ａが従事した販売応援業務に対する対価として支払われた報酬額は、最低賃金法所定の最低賃金額を下回るとして、労働契約に基づく賃金請求権として、上記報酬額と最低賃金法所定の最低賃金額との差額等の支払いを求めた。

　Ａは、中学 2 年生であった平成 27 年にＹとの間で研修生契約を締結し、そ

れ以降、Ｙに所属するアイドルグループである本件グループのメンバーとして活動していた。

　Ｙは、農産物の生産、販売等をするとともに「農業アイドル」として活動するタレントの発掘、育成等に関する業務等を行う株式会社である。

　Ａは、Ｙとの間で、タレント専属契約を締結するまでの研修期間などを定めるものとして、平成 27 年 7 月 12 日付けで研修生契約書を締結した。Ａは、同契約に基づき、Ｙに対、トレーナー代およびスタジオ代として月額 2500 円を支払い、レッスンを受けるなどした。その後も専属Ｂ（研修生）、専属Ａ（レギュ

ラー）、レギュラーメンバートレーニングおよび専属契約をそれぞれ締結し、平成29年に再度、レギュラーメンバートレーニングおよび専属マネジメント契約（以下「本件契約」）を締結した。なお、これら契約には、就業時間や賃金に関する規定はなかった。

本件契約には、上記の他、①Yの承認を得なければAは一切の芸能活動ができないこと、②Aのタレント活動により生ずる全ての権利はYに帰属すること、③Aの活動によりYから得られる報酬の定め、④Yが指示したタレント活動に正当な理由なく欠席すること等の禁止行為を行った場合には報酬の減額や罰金等の罰則が定められていた。

Yは取引先等からイベント等の依頼を受けるとグループウエア（「本件システム」）に入力するとともに、Yが参加してもらいたいと考えたメンバーの予定にイベントを登録していた。その後、当該メンバーは本件システム上において当該活動への「参加」「不参加」を選択していた。Yは地元の農業に直接関係するイベント等を指定オファーとして、本件グループのレギュラーメンバーには原則的参加を求め、本件システム上での参加の選択はYが行っていたが、学校の関係や体調の問題で参加が困難である場合等には不参加が認められており、Aも指定オファーに参加しなかったことがあった。Aはイベントには概ね9割程度参加していた。

Aは販売応援活動に平成29年6月（5回）、同7月〜9月まで各1回、10月（3回）、11月（3回）、平成30年1月（3回）、それぞれ従事し、2000円ないし3000円を受け取った。その後、Aは平成30年3月に死亡した。

 判決のポイント

Aは、本件グループのイベントの9割程度に参加していたが、イベントへの参加は、本件システムに予定として入力されたイベントについてAが「参加」を選択して初めて義務付けられるものであり、「不参加」を選択したイベントへの参加を強制されることはなかった。また、平成28年契約にも本件契約にも就業時間に関する定めはなかった。

Aは、本件グループのメンバーとしてイベント等に参加するなどのタレント活動を行うか否かについて諾否の自由を有していたというべきであり、Yに従属して労務を提供していたとはいえず、労働基準法上の労働者であったと認めることはできない。

本件グループのメンバーに支払われていた報酬は、…メンバーの励みとなる

ように、その活動によって上がった収益の一部を分配するものとしての性質が強く、メンバーの労務に対する対償としての性質は弱いというべきである（東京高判令4・2・16は、控訴人〈一審原告〉の控訴を棄却）。

 応用と見直し

1 労基法上の労働者の意義

労基法上の労働者とは使用者の指揮監督の下に労務を提供し、使用者から労務に対する対償としての報酬が支払われる者をいうのであって、一般に使用従属性を有する者あるいは使用従属関係にある者をいうと解されている。

そして、この使用従属関係の存否は、業務従事の指示等に対する諾否の自由の有無、業務の内容および遂行方法につき具体的指示を受けているか否か、勤務場所および勤務時間が指定され管理されているか否か、労務提供につき代替性がないかどうか、報酬が一定時間労務を提供したことに対する対価とみられるかどうかを主な判断要素とし、さらに補足的な要素として、高価な業務用器材を所有しそれにつき危険を負担しているといった事情がないかどうか、専属性が強く当該企業に従属しているとい

えるか否か、報酬につき給与所得として源泉徴収がされているか否か、労働保険、厚生年金保険、健康保険の適用対象となっているか否かなど諸般の事情を総合考慮して判断されるべきとされ、裁判例でも同様の基準で判断されている。

2 諾否の自由の判断

本判決は、Aに諾否の自由があったことから労基法上の労働者ではないと判断した。本判決は、いわゆる芸能従事者が労基法上の労働者に該当するか否かについての事例判断であるが、本件と同様の芸能活動従事者の労基法上の労働者性が争われた裁判例（東京地判平28・3・31）では、「被告（編注：本件でいうA）は原告（本件でいうY）を通じてのみ芸能活動をすることができ、その活動は原告の指示命令の下に行うものであって、芸能活動に基づく権利や対価は全て原告に帰属する旨の本件契約の内容や、実際に被告が…、時間的にも一定の拘束を受けながら、歌唱、演奏の労務を提供していたことに照らせば、本件契約は被告が…音楽活動という労務を供給し、原告から対価を得たものであり、労働契約に当たる」、「各当事者の認識や本件契約の実際の運用においては、被告は原告の提案に応ず

べき関係にあり、諾否の自由はなかった
…。原告が事前に被告の承諾を求めて
いたことをもって労働契約としての性質
が否定されるとはいえない」として、上
記諸要素を総合考慮して労働者性を判
断していることに照らせば、本判決は、
Ａがイベントへの不参加を選択したこと

がある点を強調し、諾否の自由があった
と判断している点に特徴があると思われ
る。Ａは９割程度イベントへ参加して
いたことや指定イベントも断ったことが
あることへの評価如何では諾否の自由の
有無の結論が異なる可能性はあろう。

MEMO

年休取得日は勤務実績ないと一部手当をカット

－日本エイ・ティー・エム事件－（東京地判令2・2・19）

弁護士　中町　誠

［労経速2420号23頁］

　時給制のアルバイトが、年次有給休暇を取得した日の「通常の賃金」に、シフト勤務手当等の未払いがあると訴えた。東京地裁は、所定労働時間労働した場合には必ず同手当の対象だったと判断。就業規則で不支給と定めた部分は、労基法に反し効力を有しないとした。一方で、日曜・祝日等に勤務した場合の手当は、実際に出勤事実がないことから算定から除外した。

シフト手当も"通常の賃金"規則は労基法に反し効力有しない

 事案の概要

　本件は、被告と期間の定めのある雇用契約を締結して就労していた原告が、被告に対し、年次有給休暇を取得した際に支払われるべき賃金にシフト勤務手当、日曜・祝日勤務手当、時間外手当、深夜手当を算入しない未払いがある旨主張して、雇用契約に基づく賃金支払請求等を求める事案である（その他に別の理由の不法行為請求もあるが紙面の関係上省略する）。

 判決のポイント

　被告の契約社員就業規則第34条は、「年次休暇または、その他の有給休暇を取得した日は、通常勤務したものとみな

す。この場合の賃金は、時給に雇用契約で定める最長の勤務時間を乗じたものとする。（シフトに係る手当及び深夜割増手当は含まない）」と定めているところ、これは、年次有給休暇を取得した場合の賃金として、労基法39条7項の「所定労働時間労働した場合に支払われる通常の賃金」を支払う旨定めているものと解される。

　原告は、シフト勤務手当、日曜・祝日勤務手当、時間外手当及び深夜手当が未払いである旨主張するところ、労基法39条7項の「所定労働時間労働した場合に支払われる通常の賃金」に、所定労働時間である8時間分の時給の他に、シフト勤務手当、日曜・祝日勤務手当、時間外手当及び深夜手当が含まれるか否かについて検討する。

ア　シフト勤務手当

　本件シフト勤務手当は、午前12時00分から午後2時59分の間に出勤し、7時間45分以上の勤務実績がある場合に、1回当たり900円が支払われるものであることが認められる。そして、原告の労働時間についての勤務条件は、始業時刻が午後1時50分、終業時刻が午後10時50分、休憩時間が1時間であり、1日の所定労働時間は8時間であることが認められるから、原告が出勤し、所定労働時間勤務した場合には、必ずシフト勤務手当の900円が支払われるといえる。

　そうすると、シフト勤務手当は、所定労働時間労働した場合に支払われる通常の賃金に当たると解するのが相当であるから、契約社員就業規則34条が、年次有給休暇を取得した場合の賃金について、シフトに係る手当は含まない旨規定している部分は労基法に反し、原告と被告との間の労働契約の内容を規律する効力を有しないと解される（労働契約法13条）。

　したがって、被告は、原告が年次有給休暇を取得した場合、原告に対し、シフト勤務手当を支払わなければならない。

イ　日曜・祝日勤務手当

　日曜・祝日勤務手当は、7時間45分以上の勤務実績がある場合に、1回当たり2800円が支払われるものであることが認められる。これは、日曜日及び祝日への出勤に対し一定額の補償をするとともに、日曜日及び祝日に出勤する労働者を確保する趣旨であると解されるところ、日曜・祝日という特定の日に出勤した実績があって初めて支給されるものであるといえる。日曜・祝日に年次有給休暇を取得した場合、当該休日に出勤した事実はないのであるから、日曜・祝日勤務手当は、その際に支払われるべき所定労働時間労働した場合に支払われる通常の賃金には当たらないと解される。

ウ　時間外手当、深夜手当

　被告においては、7時間45分以上勤務した場合、時間外手当として1時間当たりの単価を時給×1.3とし、午後10時から午前5時までの間に勤務した場合に深夜手当として1時間当たりの単価を時給×1.3として支払うとされていることが認められるところ、時間外労働及び深夜労働に対して割増賃金を支払う趣旨は、時間外労働が通常の労働時間に付加された特別の労働であり、深夜労働も時間帯の点で特別の負担を伴う労働であることから、それらの負担に対する一定額の補償をすることにあると解される。年次有給休暇を取得した場

合、実際にはそのような負担は発生していないことからすれば、年次有給休暇を取得した場合に、所定労働時間労働した場合に支払われる通常の賃金としては、割増賃金は含まれず、所定労働時間分の基本賃金が支払われれば足りると解される。

応用と見直し

本件は、年次有給休暇の取得日に支払われる「通常の賃金」の当否が争われた事案である。

上記の支払いについては、①平均賃金、②所定労働時間に労働した場合に支払われる通常の賃金、③健康保険の標準報酬日額の3パターンがある。本件は②のタイプで、諸手当の取扱いが論点となった。②の場合の算定方法は労基法施行規則第25条に基本的なルールが定めてあるが、各種手当の扱いについては、「通常の賃金」かどうかの解釈問題が残る。

本件判決は、シフト勤務手当と日曜・祝日勤務手当について、判決のポイントのとおり結論を異にする。

本件シフト勤務手当については、その手当の趣旨やなぜ就業規則で除外したのかなどの点が十分に主張立証されていないこともあり、当該手当は特別な

労働の対価ではなく単なる通常の賃金の上乗せにすぎないと本判決はみたと思われる。

一方、日曜・祝日勤務手当の不算入を肯定した理由付けは、沼津交通事件（最二小判平5・6・25）を参照したことが窺われる。同事件はタクシー会社の乗務員が月ごとの勤務予定表作成後に年次有給休暇を取得した場合に皆勤手当を支給しない旨の約定を、自動車の実働率が低下するという事態を回避するため、年次有給休暇を取得することを避ける配慮をした乗務員について皆勤手当を支給する趣旨として違法とはしなかった。

要するに実働それ自体の負担の対価としての手当は、「通常の賃金」には該当しないということができる（ただし、前掲最高裁判決も指摘するようにこの額が過大となると、年休取得に対する不利益取扱いとして公序に反し違法視される可能性がある）。

また通達（平31・4・1基発0401第43号）は、臨時に支払われた賃金、割増賃金の如く所定時間外の労働に対して支払われる賃金等は「通常の賃金」に算入されないとしている（時間外手当について本判決も同旨）。

その他の手当については、通勤費の実額支給を内容とする通勤手当につい

て、労働者が現実に出勤して労働したことの故に支払われる実費補償的性格の手当として、「通常の賃金」に算入しないことを肯定する裁判例（大瀬工業事件＝横浜地判昭51・3・4）がある。同様の趣旨の食事手当なども同じ扱いで良いだろう。

MEMO

生徒減り赤字状態、職能等級導入し賃金2割減

－学校法人梅光学院事件－（山口地裁下関支判令3・2・2）

弁護士　岡芹　健夫

［労判1249号5頁］

学生の定員割れが続き毎年赤字状態であることから、大学側が給与規程を業績を評価する職能等級に変更した事案。賃金等が減った教員ら10人が、不利益変更は無効として差額支払いを求めた。裁判所は、収益の状況などから制度変更に高度の必要性はないと判断。代償措置の調整手当を考慮しても、2割を超えて年収が減るなど不利益は相当大きく新規程の内容は合理性を欠くとした。

変更する高度の必要性なし、不利益相当大きい

 事案の概要

ア　Yは大学（以下「本件大学」）、高校等を設置する学校法人であり、X1～X10（以下「Xら」）は本件大学に教員として勤務していた。

イ　Yは、その運営する学校において長年にわたり生徒・学生の定員割れが続き、毎年2億円の赤字を計上する状態が継続していたことから、将来の安定的な存続を確保するための改革が必要と考え、平成24年、統轄本部を設置した。同部が中心となって具体的方策を検討した結果、旧就業規則は、年功序列型の賃金体系であったが、Yは、評価を加味した処遇が必要と考え、新就業規則への変更（以下「本件変更」）に着手

した。

ウ　旧給与規程では、給与の種類は、①本俸、②手当（扶養手当、住宅手当、職務手当、調整手当）、③退職手当などとされていた。このうち、教員の本俸は、対象者の号俸および級をもとに決定され、号俸は慣習上、毎年1号ずつ昇級する運用となっていたが、新給与規程では業績を評価した職能等級と年齢による号俸を組み合わせた新たな等級を適用することになった。また、住宅手当は廃止、扶養手当は配偶者および子について各々5500円、その他の扶養家族について2000円の減額となった。

加えて、旧退職（金）規程では、本俸に各手当を合計した俸給月額を基準としていたが、新退職（金）規

程では、本俸のみの俸給月額に基づき算定することとされた。

エ　Yは本件変更に当たり、平成27年2月から教職員に複数回の集団説明会や個別説明会を行い、その間、Xらの一部は労働組合を結成し、Yは当該組合との間で3回の団体交渉を行った。

　　平成28年5月、本件大学の過半数代表者として選出されたJは、新就業規則への意見を求められたのに対し、同意する意見を述べた。

オ　新就業規則は平成27年4月に施行されたが、施行日の前日に在職し、施行日後も継続して在職する者については、同28年4月1日から適用されることとなった。

カ　本件変更により、Xらの賃金は平成28年から本訴訟提訴後の令和2年8月までにそれぞれ合計して約600万〜900万円減少し、退職金受給者2人についても、従来の受給額1943万余円が1196万余円に、1610万余円が1061万余円へと減額された。

キ　Xらは、本件変更が労契法10条に反し無効であるとして、Yに対し、各々、本件変更により具体的に減額された上記の未払い給与や賞与、退職金の支払いを求めて提訴した。

 判決のポイント

ア　新給与規程では旧給与規程で得られるはずであった本俸より多く額をもらえることもあるが、減額され得る可能性もあり、…Xらの本俸、手当、退職金は減額されている（「事案の概要」カ。後述イa）。

イ　本件変更は、…1割から…2割を超える年収の減額が生ずるもので…不利益の程度は相当程度大きい…。就業規則の変更により、賃金、退職金など労働者にとって重要な権利、労働条件に関し実質的な不利益を及ぼす場合には、当該条項が、…高度の必要性に基づいた合理的な内容のものでなければならない。合理性の有無は、a労働者の受ける不利益の程度、b労働条件の変更の必要性、c変更後の就業規則の内容の相当性、d労働組合等との交渉の状況その他の就業規則の変更に係る事情に照らして判断する。

ウ　本件変更当時には、Yの主たる収益である学生生徒等納付金の額は増加し、…Yの短期的な支払能力に格別の問題は見られず、流動負債を返済した後の余裕資金も十分にあったと認められる。Yの採算性を見直す必要性があり、経費の削減を検討す

ること自体の合理性は否定できない
が、Yの主張するように、資金が約
10年でショートするような状態で
あったとは認定…できず、…労働者
が不利益を受忍せざるを得ないほど
の高度の必要性があったとは認定で
きない（前述イb）。

エ　各種手当は、扶養家族の有無や
住居に要する費用等を条件に支給さ
れ…、能力主義的な体系を採用する
必要があるとしても、これらの手当
を廃止または減額しなければならな
い合理的な理由は見当たらない。…
月例給のみ、…調整給という代償措
置が講じられていることを踏まえて
も、労働者の被る不利益の大きさに
照らすと、新就業規則の内容の相当
性があるとは言い難い（前述イc）。

オ　労働者の過半数代表者の選出方
法が適切でなかったとはいえ（ず）、
…団体交渉の状況について、格別、
Yらの不誠実さを窺わせる事情は見
当たらない（前述イd）。

カ　新就業規則は、労契法10条にい
う合理的なものとはいえない。Xら
の労働条件は、…旧就業規則の定め
るところによる。

 応用と見直し

　この数十年間、わが国の労働生産性
および実質賃金は相対的に大きく低下
してきた（1人当たりのGDPでみると、
日本は、2000年は世界2位であったが、
2020年では23位に低下している）。こ
のようなわが国の国際競争力の低下を
受け、多くの企業で、年功型賃金より能
力・業績型賃金に変更するための就業
規則（賃金規程）の変更の試みがなさ
れてきているが、当然ながら、そうした
変更により不利益を受ける労働者が存
在するため、少なくない係争が生じるに
至っている。

　変更の法的有効性の確保には、従業
員の合意を得るのが最優先であるが（労
契法8条）、それが得られない場合には、
本件のように、変更の合理性の有無が
問われることとなる（労契法10条）。

　賃金体系の変更の合理性の判断につ
いて、中心的要素となるのは、本件でも
そうであったように、労働者の不利益の
程度と使用者側の変更の必要性である
が、労働者の不利益の程度は、新旧制
度の比較をすれば具体的な数字として
比較的明瞭となりやすい一方、使用者
側としては、経営危機に瀕する前段階
で措置を行う必要があるだけに、その
必要性につき経営破綻の現実的な危機

として明確にすることができないことが多く、本件でも、各事情を検討の結果、変更の必要性が否定された（「判決のポイント」ウ等）。

やはり現状の検討だけでは、本件のように、「そこまで危機ではない」といった判断がなされてしまうことも少なくな

いため、それに加えて、時代の流れを踏まえつつの将来の予測、当該使用者、さらには業界に固有の（経営上不利益な）事情といった要素を、いかに、具体的な根拠をもって主張できるかも重要になってくると思われる。

MEMO

同意しないまま2年連続年俸減らされ差額請求

－学究社事件－（東京地判令4・2・8）

弁護士　岩本　充史

［労判 1265 号 5 頁］

> 　2年連続の年俸減額は一方的で無効として、塾講師が差額賃金等を求めた。契約書等では評価で減給するとしていた。東京地裁は賃金が重要な労働条件の1つであり、合理的な算定方法を合意した場合に限り、会社は年俸額の査定・決定権限を有すると判断。給与規定等では昇給率の算出方法を授業アンケート結果によるなどと抽象的にしか定めておらず、合意は成立していないとして会社の決定権限を認めず、労働者の請求を認めた。

賃金改定の定めは合理性欠くとして請求認める

 事案の概要

　Xらは、進学塾を経営するYとの間で平成28年4月1日に期間の定めのない労働契約を締結し、専任講師として就業していた。

　Yが令和元年6月～2年5月までのXの年俸（以下「令和元年度年俸」、399万3510円）を一方的に減額し、さらに同年6月～3年5月までの年俸（以下「令和2年度年俸」、379万9094円）を一方的に減額したとして、Xは、同年6月以降も賃金の未払いまたは不払いの違法が続いていると主張した。Xは、主位的には労働契約に基づく未払賃金請求として、予備的には不法行為に基づく損害賠償請求として、平成30年6月～

令和元年5月までの年俸（以下「平成30年度年俸」、401万6000円）の月例給与額（33万4600円）と令和元年6月分～3年12月分までの月例給与額との差額等の支払いを求めた。

　Xが署名押印した労働条件通知書兼雇用契約書には、賃金に関して、基本賃金400万円（年俸額）、対象期間は平成28年4月1日～29年5月31日まで、年俸額の見直しは、原則として毎年6月1日、見直しは、勤務態度・職務能力等の評価の結果を踏まえ、加給または減給を決定することで行う、としていた。

　Yは、年俸額を算定するための基準として「年俸改定機械判定の算出方法」を定め、平成28年ごろから、この基準

に基づいて算定した年俸額を各労働者に通知するという運用をしていた（なお、年俸改定機械判定の算出方法は開示されていなかった）。

Yは、Xに対し、平成30年5月ごろ、翌年度の年俸額を記載した年俸通知書を交付し、Xは、年俸通知書の記載内容に合意した。その後、令和元年5月ごろ、令和元年度年俸額を提示されたがXは合意せず、令和2年度年俸額についても合意しなかった。

 判決のポイント

XとYは、それぞれ平成30年度年俸について合意した際、令和元年度年俸の査定方法について、平成30年度年俸を基に、これにマイナスの場合も含む「昇給率」を乗ずることによって定めることを合意したことが認められる。…Yには、Xの年俸額の決定に関して、本件給与規定…及び平成30年度年俸通知書による個別合意という一応の根拠があることが認められる。

しかしながら、…この年俸額決定方法では、昇給率が定まらなければ次年度の年俸額を具体的に決定することができないが、上記個別合意では、この昇給率の定め方について、各校舎の部門配賦後営業利益を基準に査定するか、「校舎成績を考慮した上で、授業アンケート結果及び人事考課に基づき定める」などと極めて抽象的にしか定めておらず、各校舎の部門配賦後営業利益や校舎成績をどのように考慮し、どのような基準で昇給率を決定するのかを定めていない。

このように上記個別合意において昇給率を定める具体的な基準を定めていないことについて、当事者の意思をどのように解すべきかが問題となるが、賃金が労働条件の中でも最も重要なものの一つであり、このような労働条件は、労働者及び使用者が対等の立場で合意して決めるべき事項であること（労契法3条、労基法15条、89条参照）に照らすと、上記個別合意の定めは、YとXが客観的で合理的な昇給率の定め方を合意した場合に、これに従ってYにXの年俸額を査定、決定する権限を付与することを合意したものと解するのが相当である。

本件では、…昇給率の定め方について抽象的な考慮要素を挙げるだけで、それ以上の客観的、具体的ないし合理的な基準について合意をしていないから、Yは、上記個別合意に基づき、Xらの具体的な年俸額を査定、決定する権限を有しているとは認められない。したがって、Yによって一方的にされたXら

の令和元年度年俸額の決定及びＸの令和２年度年俸額の決定は、いずれも法的根拠を欠くものであり、無効というべきである。

　Ｙは、仮にＸとＹとの間に年俸額の改定方法等について個別合意が成立していなかったとしても、…「年俸改定機械判定の算出方法」は恣意的な判断が入り込む余地のない合理的な算定方法であり、…年俸額の改定は有効であると主張する。しかし、労働基準法15条、89条や労働契約法３条の趣旨に照らすと、労働契約において年俸制を採用することを合意しただけで、本来、対等であるべき契約の一方当事者にすぎない使用者に、重要な労働条件である賃金を決定する無限定な裁量権が認められると解するのは相当ではない。

応用と見直し

1　年俸額の決定権限

　年俸制とは１年を単位として賃金を支払う制度であり、１年ごとに年俸額の変動が予定されているが、年俸額の減額をするためには、その根拠規定が必要である。そして、この根拠規定がある場合には、年俸額について労使の合意がまとまらなかったときには使用者が年俸額を決定することができると解される（もちろん、使用者が年俸額決定権限を濫用ないし逸脱したと認められれば権利濫用として年俸額決定の効力は否定される。中山書店事件＝東京地判平19・3・26参照）。

　なお、年俸額の決定基準、決定方法、年俸額について合意が不成立の場合の年俸額決定についての規定がなかった事案では、「年俸額決定のための成果・業績評価基準、年俸額決定手続、減額の限界の有無、不服申立手続等が制度化されて就業規則等に明示され、かつ、その内容が公正な場合に限り、使用者に評価決定権がある…。要件が満たされていない場合は、労働基準法15条、89条の趣旨に照らし、特別な事情が認められない限り、使用者に一方的な評価決定権はない」（日本システム開発研究所事件＝東京高判平20・4・9）と判断したものがある。

2　本件について

　Ｙの給与規程で成績によって年俸額が減額されることが規定されていたのであり、Ｙの年俸額決定権限が認められ、Ｙによる年俸額決定権限の行使が権利濫用ないし権限の逸脱であったか否かを判断する仕方もあったのではないかと思われる。本判決はＹによる年俸額決

定権限を否定しているが、上記日本システム開発研究所事件の考え方を使用者による年俸額減額決定権がある場合にも拡大したものと思われる。労使間の利益調整を図るという意味では権利濫用なり権限逸脱の判断を行うことが適当と思料されるが、年俸制を採用する会社において注意すべき事案であると考える。

MEMO

地域限定職へ変更手続きせず基本給一部返金 !?

－ビジネスパートナー事件－（東京地判令4・3・9）

弁護士　岩本　充史　　　　　　　　　　　　［労経速 2489 号 31 頁］

　　両親の世話を理由に転勤拒否した総合職の従業員に対し、会社が地域限定職の基本給との差額を返還するよう求めた。転勤を拒んだ場合、職群を変更して月2万円を半年分返すと規定していた。東京地裁は、賃金全額払の趣旨に照らし、労働者に過度の負担は生じず返還規定を有効と判断。転勤の可否を正確に申告すれば返還を免れることができるなどとして規定は合理的としている。

規定は合理的内容で「全額払」に反しない

 事案の概要

　本件は、Xが、その従業員であるYに対し、給与規定に基づき、支払済みの基本給の一部である 12 万円の返還等を求めた事案である。

　Xは、リース事業等を業とする株式会社である。Yは、平成 27 年7月1日から正社員としてXに雇用された。

　Xの給与規定には、正社員の給与は、職群、職格、職級ごとに定めるとあり、職群の区分について、(1)グローバル総合職、(2)総合職、(3)地域限定総合職等がある。転勤可能者を確保する趣旨から、総合職と地域限定総合職との間に月額2万円の賃金差を設けたうえ、（グローバル）総合職の正社員が会社が命じる転勤を拒んだ場合は、着任日が到

来しているかどうかにかかわらず、半年遡って差額を返還し、翌月1日より新たな職群に変更するとしている（以下「本件規定」）。職群に変更が必要になった場合は、所定の手続きをもって1週間以内に申請する必要があった。

　Yは入社以降、令和2年2月時点までは、職群は総合職であり、同時点における基本給は月額 33 万 2500 円であった。他方、仮に同時点において地域限定総合職であったとすると、その差額は月額2万円であった（以下「本件差額」）。

　Yは、平成 30 年4月、Xが実施した転勤の可否等に関するアンケートに両親の世話があり、遠方へ転勤が困難であるため、地域限定総合職を希望する旨記載したが、地域限定総合職への職群変更の申請手続きを行わず、従前の

とおり総合職としての賃金を受領していた。

Xは、令和2年2月28日、Yに対し、（東京から）X大阪支店への転勤を言い渡した（以下「本件転勤命令」）が、Yはこれを拒否した。Xは、同年3月1日より、本件規定に基づき、Yの職群を地域限定総合職に変更し、同月分の給与から、基本給を月額31万2500円に変更した。さらに、Xは、Yに対し、本件差額の半年分である12万円の返金を請求した。本判決はXの請求を認容した。

争点は複数あるが、本件規定の有効性について紹介する。

判決のポイント

❖ 本件規定の有効性

賃金全額払いの原則（労基法24条1項）は、使用者が一方的に賃金を控除することを禁止し、もって労働者に賃金の全額を確実に受領させ、労働者の経済生活を脅かすことのないようにしてその保護を図る趣旨に出たものと解される（最二小判昭48・1・19）。

本件規定は、総合職として賃金の全額が支払われた後、転勤ができないことが発覚した場合に…基本給の差額を半年分遡って返還させる…こと、…金額

も、月額2万円（半年分で12万円）にとどまること、従業員としては、自身の転勤の可否について適時に正確に申告していれば、…返還をしなければならない事態を避けることができる…。本件規定は、労働者に過度の負担を強い、…経済生活を脅かす内容とまではいえず、…賃金全額払いの原則の趣旨に反するとまではいえないから、実質的に同原則に反し無効であるということはできない。

❖ 就業規則としての内容の合理性

Xでは、…現に広く転勤を行っていること、従業員が自身のライフステージに合わせて職群を選択することで、転勤の範囲を自由に選択、変更できる人事制度を整備する一方、転勤可能者を確保する趣旨から、…月額2万円の賃金差を設けていること、…従業員らに…転勤の可否について適時に正確な申告を促し、賃金差と転勤可能範囲に関する従業員間の公平を図る趣旨で、本件規定を設けている…。Xの側で当該従業員の転勤に支障が生じた時期や事情を客観的に確定するのが通常困難であることから、原則として、転勤に支障が生じた時期や事情にかかわらず、一律に半年分の賃金差額を返還させることとしており、仮に転勤に支障が生じた時期

が半年以上前であっても、半年分を超える返還は求めていない。

本件規定を含む上記のような人事制度は、…従業員にとってもメリットのある内容といえ、返還を求める金額や適時に正確な申告をしていれば返還を免れることができる点等に鑑みると、労働者に過度の負担を強いるものともいえず、一律に半年分の返還を求める趣旨についても…合理的であるから、Xの業種、経営方針等に照らして、合理的な内容というべきである。

 応用と見直し

労働契約上、転勤が予定されている労働者（以下、転勤予定者）とそうではない労働者（以下、地域限定者）との間で賃金額に相違（転勤予定者が地域限定者より多額の賃金を受領する）を設けることは一般的であると思われる。

本判決はまず労基法24条1項の賃金全額払い原則には違反しないと判断しているが、結論は異存ないが、そもそもXはYの賃金から控除しているわけではないし、その経済的生活を脅かす等の事態も生じていないので、本判決の理由付けには疑義がある。むしろ、本件規定では職群の変更が必要になっ

た場合にはその変更の申請を義務付けているのであるから（Yは平成30年4月には転勤できない状態であった）、その限度で賃金請求権が発生しておらず、それゆえ、賃金請求権が発生していることを前提とする労基法24条1項に反しない、とすべきと思われる。

また、本判決は一律に6カ月遡及して差額を返還することを定める本件規定について合理性（労働契約法7条）があると判断している。本件ではこの結論に異存ないが、たとえば3カ月前から家族の介護のため転勤ができない状態になった場合に6カ月遡及して差額を返還しなければならないような場合については、転勤予定者は6カ月前から4カ月前までの賃金額を正当に保持することができるのであり、その返還を義務付けることは到底合理性があるとは思われず、一律に6カ月の返還を有効と判断するのであれば疑義がある。

転勤命令を発令した際、家庭の事情等で転勤命令を拒否する事案が多く発生しており、その転勤命令の有効性については数多くの裁判例がある（東亜ペイント事件＝最二小判昭61・7・14、ケンウッド事件＝最三小判平12・1・28等）。他方、仮に転勤命令が有効であったとしても転勤予定者が転勤を拒否した場合にその多額の賃金額をその

まま保持することは、社内的に他の転勤予定者および地域限定者において不公平感が生ずるものと思われる。このような不公平が生ずることを予防するべく本件規定のごとき規定を設ける必要性は否定できないと解され、本判決は参考となると考える。

MEMO

運行管理業務で中途採用、倉庫部門へ配転は？

－安藤運輸事件－（名古屋高判令3・1・20）

弁護士　石井　妙子　　　　　　　　　　　　　　　　［労判1240号5頁］

> 運行管理業務から倉庫業務への配転を無効と訴えた事案。運行管理業務の担当者として入社後2年弱従事していた。名古屋高裁も一審同様に入社した経緯や面接でのやり取り等から、配転に当たっては、能力・経験などキャリアを活かすことへの期待に配慮すべきと判示。配転に業務上の必要性は認められず、通常甘受すべき程度を著しく超える不利益が及ぶとして配転を無効とした。

キャリア形成への配慮欠く著しい不利益で無効

 事案の概要

　Xは、運行管理者の資格を有し、Yに入社する以前、複数の会社において運行管理業務や配車業務に従事した経験があり、Yにおいても、運行管理業務や配車業務に従事していた。しかし、乗務員からしばしばクレームが寄せられ、取引先から輸送システムへの入力（以下「車回入力」）の遅れや輸送事故の頻発につき注意を受け、また、X着任後、高速道路の使用料が増加するなどのことがあり、Yは、Xの入社約1年7カ月後、Xに対し、本社倉庫部門の倉庫業務への配転を命じた。

　Xは、本件配転命令は職種限定の合意に反しまたは権利の濫用に当たり無効であると主張して、本社倉庫部門に勤務する雇用契約上の義務のないことの確認を求める訴えを起こした。原審（名古屋地判令元・11・12）は、職種限定の合意が成立したとは認められないとしつつ、配転に当たっては、運行管理者の資格を活かし、運行管理業務や配車業務に当たっていくことができるとするXの期待への配慮が求められるとしてXの請求を認容し、Yはこれを不服として控訴した。

 判決のポイント

1　職種限定合意の有無

　職種限定合意…を直接的に裏付ける

雇用契約書、労働条件通知書などの書面はないこと、求人票…も…「事務職員（運行管理業務）採用条件」…にも、従事する業務は限られる旨の文言…はないし、…就業規則には、職種を限定した従業員の存在を前提とした規定はなく、他方で、業務の必要により職種の変更があり得ることが規定されていることによれば、…職種限定の合意が明示又は黙示に成立したとは認められない。

2　Xの期待への配慮

Yにおいて運行管理業務や配車業務を行える人材が不足していたため、…（Xが）運行管理者の資格を有し、…運行管理業務や配車業務の経験があることを見込まれ、それらの業務を担当すべき者として中途採用されたことは明らかである。

面接時に、Xは…前の会社を辞めた理由を尋ねられ、配車業務・運行管理業務をしたかったが、夜間点呼業務に異動させられたためと説明をし…、課長から夜間点呼業務に異動させることはないとの説明を受けた。

採用後、直ぐに運行管理者に選任され、運行管理業務や配車業務を担当し、さらに、（試用期間中に）統括運行管理者に選任されている。

Xが…運行管理者の資格を活かし、

運行管理業務や配車業務に当たっていくことができるとする期待は、合理的なものであって、…法的保護に値するといわなければならない。…配転に当たっては、Xのこのような期待に対して相応の配慮が求められる。

3　配転の必要性

車回入力の遅れ、輸送事故の頻発、一部の担当乗務員との不調和、高速道路の使用料の高額化といった事象が生じていたものの、…原因が主にXにあったとは言えず、Xを運行管理業務及び配車業務の一切から排するまでの必要性…は認めることはできない。

4　著しい不利益

Xに経済的・生活上の有意な不利益が生じたとはいえない（が）、…倉庫部門における業務内容は、能力・経験を活かすことができるというXの期待に大きく反する…。…慣れない肉体労働…を命じられる可能性が十分にあることも看過でき（ず）、通常甘受すべき程度を著しく超える不利益を負わせる。

5　結論

本件配転命令は、そもそも業務上の必要性がなかったか、仮に…必要性があったとしても高いものではなく、かつ、

運行管理業務及び配車業務から排除するまでの必要性もない状況の中で、…運行管理者の資格を活かし、運行管理業務や配車業務に従事できるとするXの期待に大きく反し、その能力・経験を活かすことのできない倉庫業務に漫然と配転し、Xに通常甘受すべき程度を著しく超える不利益を負わせたものであるから、…権利の濫用に当たり無効と解するのが相当である。

 応用と見直し

　本件は、キャリアを活かすことへの期待（キャリア形成権）という、近年のテーマを扱った裁判例であるが、判断枠組みは昭和の東亜ペイント事件（最二小判昭61・7・14）のものを用いている。最判の判断枠組みでは、勤務場所や担当職種・職務の限定特約があるかどうかがまず検討され、限定特約があれば同意なくして異動はできない。しかし、限定特約がなければ、同意がなくとも配転命令が可能である。もとより、配転命令権の濫用は許されないが、①業務上の必要性が存しないとき（ただし、高度の必要性までは要求されない）、②不当な動機・目的のあるとき、③通常甘受すべき程度を著しく超える不利益があるとき等、「特段の事情」の存する場合でな

い限りは、権利の濫用とはならない。

　職種限定特約なしという認定になれば、「特段の事情」がない限り配転命令は有効であり、いわゆるメンバーシップ型雇用として、使用者の指示命令により、原則としていかなる職務でも担当するという日本的雇用システムを前提とした判断枠組みといえる。

　しかし、近年では、ジョブ型への移行がいわれ、日本的ジョブ型で、職務限定ではなく、一定範囲での配転命令を可能とする例も多いようであるが、どのような職務を担当するかは、従業員にとって重要性を増すことになった。併せて、一部学説で、キャリア形成権の提言がなされるようになった。

　通説・判例はそのような「権利」の存在を認めていないものの、本件では、キャリア形成への期待は法的に保護されるべきものとし、期待に反することを、「著しい不利益」としている。なお、本件以外にも、配転に際して、労働者のキャリア形成期待への配慮を求めたものがあるが、「著しい不利益」としているのかどうか判決文からは定かでない（IT技術者の倉庫係への配転。東京地判平22・2・8）。「期待」に反することを「著しい不利益」とするのは従来、介護等の深刻な事情を問題としてきた事例と照らして違和感があり、キャリア形成の

問題を、旧来の配転命令の法理に取り込むのは、新しい酒を古い革袋に盛るようなもので座りが悪いという印象である。

　キャリア形成への配慮がいかにあるべきかは、当該企業がどのような雇用システムを採用しているかと関連する問題であり、一概にはいえないが、これからの人事管理としては、ジョブ型の場合や、資格や経験を見込んで特定の業務の即戦力として中途採用した場合には、異なる職務への配転については本人との丁寧なコミュニケーションなど、慎重な対応が必要となろう。

MEMO

障害者施設で寝泊まり、不活動時間の割増賃金請求

―グローバル事件―（福岡地裁小倉支判令3・8・24）

弁護士　渡部　邦昭

［労経速 2467 号 3 頁］

　障害者福祉施設で働く従業員2人が、泊まり込みで業務を行うなど労働時間は24時間365日と主張して未払割増賃金等を求めた。福岡地裁小倉支部は、施設利用者へ対応をしていない不活動時間の多くも必要があれば対応が予定され、指揮命令下と認定。夜間については、それぞれ対応を分担していたことなどから2日に1日は労働からの解放が保障されていたとしている。

2日に1日は夜間対応として労働、多くは指揮命令下

 事案の概要

　会社は、障害者就労移行支援施設、グループホーム、自立準備施設等を運営する株式会社である。

　甲および甲2（以下、甲らという）は、会社に平成26年11月および27年1月から雇用契約を締結し、会社の運営する就労移行支援施設において就労していた。甲らは、会社の運営するグループホームで寝泊まりをしていた。

　甲らは平日（出勤日とされている土曜日も含む）の就労支援施設における業務（午前9時から午後4時まで）を終えた後にグループホームにおいて泊まり込みで利用者の対応業務（午後4時か

ら翌日午前9時まで）を行い、就労移行支援施設に出勤しない土曜日、日曜日、祝日は1日中グループホームの利用者の対応や食事準備をしていたから、労働時間は24時間、365日であると主張して、会社に対し、未払賃金等として1112万円から2357万円余りの未払賃金（時間外賃金等）を請求して提訴した。

　本件の争点は、甲らの泊まり込み時間は労働時間と認められるか、実労働時間（労基法32条、同37条）の範囲等である。本判決は、およそ以下のように認定して、甲らの請求を大筋で認容した。

判決のポイント

(1)労働基準法32条の労働時間とは、労働者が使用者の指揮命令下に置かれている時間をいう…。…不活動時間であっても…労働契約上の役務の提供が義務付けられていると評価される場合には、労働からの解放が保障されているとはいえず、労働者は使用者の指揮命令下に置かれているというのが相当である。

(2)平日の午前6時から午前8時30分までの間、甲らは、利用者のトイレの介助などを行うことがあり、これらの利用者対応は、会社の業務の範囲に属する労務に当たる。甲らには、利用者の対応をしていない不活動時間もあると考えられるところ、利用者から対応を求められるタイミングは、あらかじめ明らかになっているものではなく、不活動時間においても、必要があれば利用者対応をすることが予定されているといえるから、労働契約上の役務の提供が義務付けられているとして、会社の指揮命令下に置かれていたというべきであり、労働時間に当たる。ただし、甲らにも朝食を取るなど、労働からの解放が保障されている時間があったと考えられるから、…30分は労働時間に当たらない。

(3)午後4時から午後9時までの間、甲らは、支援記録を書いたり、夕食の配膳等を行ったりする他、利用者の入浴の見守り・介助を行っていたから、これらの時間は労働時間に当たる。また、それ以外の不活動時間においても、介助等の利用者対応を求められるタイミングは、あらかじめ明らかになっているものではなく、…会社の指揮命令下に置かれていたというべきであり、労働時間に当たる。

ただし、甲らも夕食を取ったり、風呂に入ったりしていたと考えられること、甲らは、週に3、4度、1度につき30分から1時間程度、自分の用事で外出していたことからすれば、甲らにも、労働からの解放が保障され…、少なくとも…1時間は労働時間に当たらない。

(4)休日(午前6時から午後9時まで)も、甲らは、利用者のトイレや入浴の介助や、支援記録の記載等を行う他、利用者の外出に同行するなどしていたから、これらの時間は労働時間に当たる。また、それ以外の不活動時間においても、必要があれば利用者対応をすることが予定されているといえるから、…会社の指揮命令下に置かれていたというべきであり、労働時間に当たる。

ただし、甲らにも食事を取ったり、自分の用事で外出したりしていたことを考えると、…少なくとも朝に30分、昼に

1時間、夜に1時間、合計2時間30分は労働からの解放が保障され…、これらは労働時間にはあたらない。

(5)甲らは、（平日、休日の午後9時から翌日の午前6時まで）利用者が相談をしてきた時や、トイレの介助を頼んできた時は、利用者対応をしていたから、これらの時間は労働時間に当たる。また、それ以外の不活動時間においても、必要があれば起きて利用者対応をすることがあるといえるから、…会社の指揮命令下に置かれていたというべきであり、労働時間に当たる。

甲のうち一方が午前6時に起床して内鍵を掛ける場合は、もう一方が夜間対応をするというように、ある程度夜間にどちらが対応するかを決めていたこと、会社もそのような分担を禁止しているとはうかがわれないことからすれば、甲らは、それぞれ、2日に1日は夜間の利用者対応が義務付けられておらず、労働からの解放が保障されている。

 応用と見直し

実作業に従事していない仮眠時間等の不活動時間であっても、労働時間と認められる場合がある。この点を明示したのが大星ビル管理事件（最一小判平14・2・28）である。即ち、労働者が実作業に従事していない仮眠時間であっても、労働契約上の役務の提供が義務付けられていると評価される場合には、労働からの解放が保障されているとはいえず、労働者は使用者の指揮命令下に置かれているものであって、労働基準法32条の労働時間に当たる。泊まり勤務の間に設定されている連続7～9時間の仮眠時間は、仮眠室における待機と警報や電話対応等に対して直ちに相応の対応をすることを義務付けられており、そのような対応をすることが皆無に等しいなど実質的に上記義務付けがされていないと認めることができるような事情も存しないから、本件仮眠時間は全体として…労働契約上の役務の提供が義務付けられていると評価することができるとした。

本件の事実関係を前提とすると、泊まり込みの時間帯において、何かあれば利用者対応が求められる体制になっており、相応な対応が義務付けられているといえ、相応の対応をすることが皆無に等しいなど実質的にも義務付けがされていないと認めることができる特段の事情は存しないので、本判決の判断は、大星ビル管理事件の最判で示された労働時間の判断基準に照らして、妥当であるといえる。

本件の介護義務以外にも拘束時間が

長時間に及ぶことが余儀なくされる業種の業務（警備業務、長距離ドライバーの運転業務等）は、不活動時間について労働から解放されているというためには、何かあったときのために別の者が対応する等の仕組み作りや、賃金の支払いの工夫（固定残業代の支払等）が必要であるといえる。本判決は労務管理の見直しを使用者に迫っているものといえる。

MEMO

賃金規程や契約書なし、外勤手当は割増賃金？

―浜田事件―（大阪地裁堺支判令3・12・27）

弁護士　石井　妙子

[労判1267号60頁]

　就業規則に明記のない固定残業代は無効として割増賃金等の支払いを求めた事案で、大阪地裁堺支部は制度を有効と判断した。就業規則はあるが賃金規程も雇用契約書もなかった。外勤手当が残業代見合いであることは入社時や年2回の面談を通じて割増単価の計算式に関する図表を表示し説明していたとしたうえ、本人から質問がなかったことなどから理解、合意していたとした。

固定残業代の個別合意有効、図表で説明し本人理解

 事案の概要

　Xは、Y社においてガス機器の修理や販売の営業に従事していたが、退職後、未払い残業代を請求して提訴した。

　Y社には就業規則はあるが賃金規程や労働契約書はなく、基本給として、年齢給、職能給、外勤手当が支給され、その他、売上給、粗利給、資格手当、調整給、報奨金、繁忙手当、非課税通勤費が支給されていた。求人募集（転職支援サイト）においては、「月給額には36時間分のみなし残業手当が含まれています。残業時間がそれより少なくても減額することはありません」とされていた。

　Y社は、固定残業代の制度を採用しているとして、採用面接時には、36時間の固定残業代について説明し、また、年2回の従業員に対する個別の給与の評価・改定の説明の際に、パソコンの図表を示して説明し、その説明資料においても、外回り営業マンおよび施工者に対し、36時間分の残業代相当の外勤手当を支給すると記載し、残業代単価の計算方法も明示していると主張したが、Xはこれを否定して争った。なお、非課税通勤費を残業代の計算基礎に含めることの要否（実態として通勤手当かどうか）、労働時間数についても争われた。

 判決のポイント

1　外勤手当は、みなし残業手当か

　ある手当が時間外労働等に対する対

価として支払われるものとされているか否かは、雇用契約に係る契約書等の記載のほか、具体的事案に応じ、使用者の労働者に対する当該手当や割増賃金に関する説明の内容、…実際の労働時間等の勤務状況などの事情を考慮して判断すべきである（日本ケミカル事件＝最一小判平30・7・19）。

Y社において就業規則はあるが賃金規程は存在せず、雇用契約に係る契約書等も存在しない。しかしながら、…Y社は入社面接の際、Xに対し、月給には36時間分のみなし残業手当が含まれることなどを説明し…入社した後、年に2回、定期的面談が行われ、モニターに映し出された図表には、「外勤手当について・外回り営業マン及び施工者に対し、36時間分の残業代相当の外勤手当を支給・残業単価は、基本給与（外勤手当、調整手当を除く基準内給与）÷160時間（月間基準労働時間）×1.25で算定」と記載され…、Y社が…、外勤手当が36時間分のみなし残業手当であることを説明し、Xもこれを理解していたと認められる。

Xは入社面接時、…定期的面談時に…説明は受けていないと主張する。しかしながら、勤務地、従事する仕事内容及び給与…について…説明がされないまま、応募者が質問もせずにそのまま入社するとは考えにくい。…定期的面談の際、モニターは見たが、…外勤手当の記載はなかった…という主張・供述を採用することは困難である。

加えて、Zは、固定残業代を有効とする要件として対価性や清算合意が必要であると主張するが、これらを別途固定残業代を有効とする要件とすべき法的根拠はない。

2　割増賃金の基礎賃金

外勤手当は、…みなし残業手当と認められるから、割増賃金を算定するための基礎賃金と認めることはできない。非課税通勤費（通勤手当）について、…住所や通勤手段の実態を勘案して支給されているため、通勤手当として割増賃金の基礎賃金から除かれる。

3　労働時間について

従業員全員を対象とする朝礼への参加（週1回、20分）については、Y社の指示があった…（労働時間）。始業より前の時間帯に他の業務に従事することを指示していたと認めるに足りる的確な証拠はないから、始業より前に…作業を行っていたとしても、労働時間を認めることはできない。…残業時間累計が、月36時間を超えていた…事実は認められない。

4 結論

Xの勤務集計表の労働時間に朝礼分を加えて時間外労働時間を算定し、月36時間分の残業代…は外勤手当により支払済みであることから、これらの…時間を超える分の割増賃金（合計7万5576円）が未払いということになる。

 応用と見直し

いわゆる固定残業代制度において、割増賃金が適法に支払われていると認められるためには、①時間外労働等の対価として支払われていること（対価性）、②通常の労働時間の賃金と、割増賃金部分の区分が明確であること（明確区分性）、③労基法所定の計算方法による割増賃金の金額を満たしていること（金額適正）が必要とされる。もっとも、固定残業代が労基法所定の計算方法で計算した額に不足する場合も、差額を支払う必要があるということにとどまり、金額適正が制度自体の有効要件ということではない。差額を支払う旨の合意（清算合意）があることを固定残業代の適法要件とする下級審判例もあったが、本件判例が引用する平成30年最判（日本ケミカル事件）はこれを不要とする趣旨である。

なお、固定残業代制度には、基本給の中に割増賃金が含まれているというタイプと、独立した特定の手当が割増賃金に該当するというタイプとがあり、後者の場合には明確区分性は明らかである。本件制度は基本給の中の「外勤手当」が割増賃金に該当するという、後者のタイプであり、明確区分性要件は論じるまでもないということになる。そうすると固定残業代として支払っていると認められる要件は対価性のみである。判示の引用する平成30年最判は、対価として支払われるものとされているか否かは、雇用契約に係る契約書等の記載内容のほか、具体的事案に応じ、使用者の労働者に対する当該手当や割増賃金に関する説明の内容、労働者の実際の労働時間等の勤務状況などの事情を考慮して判断すべきであるとしているところ、本件では賃金規程も雇用契約書もないという点で、考慮要素の主要な部分が欠けることになる。本件判決は、前記最判は、契約書等の記載を必須とする趣旨ではなく、その他事情で対価性が認められる場合には良しとする趣旨であると解釈し、Y社の丁寧な説明内容等から個別合意を認定したものである。

なお、本件判示は、原告の対価性を必要とするという主張に法的根拠はないとしているが、「時間外労働に対する対

価として支払われるものである」という点は必要であろう。労働時間に応じて増加するものでないから対価性がないとか、残業ゼロでも支払われるので、対価性がないといった議論がなされることがあり、それは法的根拠のない主張と考えるが、X 主張内容の詳細が不明なため、このあたりの判示の趣旨は謎である。

MEMO

夜間当番の呼出待機、行動自由で残業代なし？

－システムメンテナンス事件－（札幌高判令4・2・25）

弁護士　石井　妙子　　　　　　　　　　　　　　　　　[労判1267号36頁]

> 　駐車場のメンテナンスで夜間当番の待機時間が、労働時間に当たるか争った事案の控訴審。事務所にいない時間の行動は基本的に制約がなかった。指揮命令下にないとした一審に対して札幌高裁は、終業後に事務所内にいた時間に関して、速やかに現場へ向かえるよう待機していることを会社は容認し、指揮命令下と判断。事務所に待機していない時間は、入電の確率も考慮して労働時間でないとした。

事務所滞留中は指揮命令下、労働時間と認定

 事案の概要

　XはYに雇用されて、機械式駐車場のメンテナンス業務に従事している者である。顧客から不具合等の連絡があった場合には、日中に限らず夜間も現場で緊急対応があるため、Yは、従業員に対し、平日夜間および休日の顧客対応の当番として、「P待機」および「P待機」の従業員が対応できない場合のサブの「A待機」を割り当てている。

　夜間等の顧客からの不具合等の電話は、会社の留守電から当番従業員に転送され、当番従業員は、携帯電話を携行して社用車で帰宅し、必要な場合は現場対応するよう求められ、遠方に出かけたり、飲酒することは禁止されている。

　もっとも、Xは、終業時間後もしばらく（時間数については争いあり）事務所内にとどまって待機していた。

　休日の日中については、実作業の有無にかかわらず、休憩時間を除く全ての時間分の割増賃金が支払われていたが、平日・休日の夜間については、実作業時間等の割増賃金のみが支払われ、不活動待機時間に対する割増賃金は支払われていなかった。

　Xは、夜間の待機時間も労働時間に該当するとして、Yに対し時間外手当等の未払割増賃金および遅延損害金の支払を請求するとともに、労基法114条の付加金の支払を求めて提訴した。

　一審（札幌地判令2・11・9）は、Xが、一定の場所における待機を義務付

けられておらず、行動の自由も広く保障されていることから、Yの指揮命令下には置かれていなかったとして、本件不活動待機時間の労働時間性を否定し、Xはこれを不服として控訴した。

 判決のポイント

1　労働時間性の判断枠組みについて

労基法32条の労働時間に該当するか否かは、労働者が使用者の指揮命令下に置かれたものと評価することができるかによって客観的に定まるものというべきであって、労働者が、実作業に従事していない時間においても、労働契約上の役務の提供を義務付けられているなど、労働からの解放が保障されていない場合には、…労働時間に当たるものと解される（最一小判平12・3・9、最一小判平14・2・28等）。

2　本件不活動待機時間の労働時間性

①事務所待機の時間Xは、午後9時まで…は事務所での待機を求められていたなどと主張するが、…（GPSの事務所出発時刻の記録等から）平均すると、…午後9時頃まで…待機していたと認

めることはできないが、午後7時30分頃までは、…待機していたと認めるのが相当である。

事務所における待機中は、コンビニに買い物に出かけたり、ネットで動画を閲覧するなど自由に過ごすことができてはいたものの、当番従業員が2名とも事務所に待機していることで、速やかに2名で現場に向かうことができるようにしていたこと、Yの代表者においても、…当番従業員が、所定の業務終了後も事務所に待機していることを認識し、これを容認していた…。Xが、事務所に待機していたと認められる時間帯については、…指揮命令下に置かれていたものとして、労働時間に当たる…。

②事務所に待機していない時間は、社用車で帰宅させて、架電があった場合に応答し、必要な場合には現場対応するよう求め、…遠方に出かけたり、飲酒したりすることを禁止していたが、それ以上…の行動を制約してはおらず、…私的な生活・活動を営むことが十分に可能である…。以上に加え、休日における日中を除き、当番の日に1回以上入電のある確率は約33％、入電のあった日における平均入電回数は約1.36回、入電…から現場に到着し作業を終了するまでに要する時間の合計は、平均…1時間13分程度で…、これらが多いとまで

はいえないことも併せると、事務所に待機していない時間帯における不活動待機時間…は、いわゆる呼出待機の状態であり、…労働からの解放が保障され、使用者の指揮命令下から離脱したものと評価することができるから、労働時間に当たると認めることはできない。

3 付加金

　付加金の支払を命ずるべきか否か及び命ずるとした場合の額を決定するに当たっては、…労基法違反に至る経緯、その違反の内容や程度、労働者の不利益の内容や程度等の諸般の事情を総合的に考慮すべきであると解される。労働時間に当たるか否かの判断が必ずしも容易でなかったとの評価も可能であ（り）、その他の一切の事情を考慮すると、…付加金の額については対象額（不払い時間外割増賃金）の約2割…と判断する。

 応用と見直し

　労働時間とは、「労働者が使用者の指揮命令下に置かれている時間である」とするのが、最高裁判例および行政の取扱い（労働時間適正把握ガイドライン）である。実作業をしていなくても、使用者の指示があった場合に即時に業務に従事するよう求められている「手待時間」は、使用者の指揮命令下に置かれていると評価できるため、労働時間に該当するとされる。

　もっとも、実作業が生じる頻度や、待機場所の性質（事業所なのか、自宅およびそれに準ずる場所なのか）、行動の自由制限の程度はさまざまであるから、これら事情を総合考慮したうえで、客観的にみて、当該労働者の行為が使用者の指揮命令下に置かれたものと評価し得るかどうかを判断すべきである。

　そして、自宅の場合には行動の制限も緩やかなことが通例であり、一般的には労働時間に該当しないと判断されている。会社施設（寮）であっても、大道工業事件（東京地判平20・3・27）は、自室でテレビを見たり、麻雀をしたり、また外出も規制されていないなど、社会通念に照らすと、自宅からの通勤労働者が自宅で過ごすのとさほど異ならないものであったとして、待機の労働時間性を否定している。

　本件も、自宅における待機については地裁、高裁とも労働時間性を否定しているが、終業時間後の事務所における待機について、高裁は、労働時間に該当すると判断した。しかし、本件では事務所での待機について会社の指示・命令があったとの認定はなされておらず、

代表者が事務所内での待機を知りながら容認していたにとどまること、事務所における待機中も外出等の行動の自由があったことなどから、労働時間に該当するとの判断には疑問がある。待機場所は遠方でなければ自由とされていたところ、その自由の中で事業所にとどまることを選択していたにすぎないとみるべきではないだろうか。

MEMO

資格外活動で逮捕された技能実習生が賠償請求

―千鳥ほか事件―　（広島高判令3・3・26）

弁護士　緒方　彰人　　　　　　　　　　　　　　［労判 1248 号 5 頁］

　資格外活動で逮捕された技能実習生が、実習計画と異なる業務を命じた会社らに対し、逸失利益等を求めた事案の控訴審。広島高裁は、実習先は監理団体に相談し助言を受けていたが、資格外活動を行わせる業務命令を発してはならないとした。監理団体も実習状況を慎重に聴取し実態を認識すれば是正し得たとして、それぞれ不法行為者として損害の賠償を命じた。

実習先は命令違反、監理団体とともに不法行為で損害賠償

 事案の概要

　被控訴人（一審被告）会社は旅館業・飲食業・食品加工販売業等を行う会社、被控訴人（一審被告）組合は外国人技能実習生共同受入れ事業等を行う監理団体、控訴人（一審原告）らは平成26年〜28年にかけて技能実習生として本邦に上陸し実習実施機関である被控訴人会社と雇用契約を締結し勤務したものである。

　控訴人らの技能実習計画は、内容をパン製造作業およびその関連作業等とするものであり、雇用契約もパン製造作業に従事するとしていた。被控訴人会社は、控訴人らに対し、パン製造工場の稼働していない日時を中心に、自身の経営する旅館や飲食店において、清掃・シーツ交換・料理の作成盛付・食器洗浄等の作業に従事するよう命じた。

　平成28年6月19日、控訴人らは在留資格に応じた活動に属しない報酬を受ける活動を行った（資格外活動。入管法73条、19条1項違反）として逮捕拘留された。控訴人らは、上記逮捕拘留され技能実習を継続できなくなったとして、被控訴人らに対し不法行為等に基づく損害賠償金の支払いを求め訴訟提起した。

　原審（広島地判令2・9・23）は控訴人らの請求を一部認容したにとどまったため控訴人らが控訴した。

判決のポイント

①技能実習制度の趣旨や同制度の下における技能実習生の位置付けに鑑みれば、控訴人らは、…技能実習生として就労して技能等の修得又は習熟を図ることをみだりに妨げられない（法的）利益を有する。

実習実施機関…が技能実習生…に資格外活動をさせる行為は…違法な行為であること（入管法73条の2第1項1号）、…不正行為…に該当し…控訴人らは、実習実施機関である被控訴人会社からの転籍等を余儀なくされ得るほか、…罰則の対象とされ（入管法19条1項1号、73条）…本邦からの退去を余儀なくされ得ること（同法24条4号ヘ）…からすると、被控訴人会社らは、控訴人らに対し、不法行為上の法的義務として、…資格外活動を行わせることを内容とする業務命令を発してはならない義務を負う。

②控訴人らは、被控訴人会社…からの業務命令がない限り…資格外活動を行うことはできないのであるから…被控訴人会社は…控訴人らが修得又は習熟すべきパン製造作業を命ずる業務命令に応じない一方で、資格外活動を命ずる業務命令を積極的に求めるなど、前記法的利益を自ら放棄したと認められる

場合でない限り…不法行為責任…を免れ…ない。

③監理団体（被控訴人組合）…は、監査対象の実習実施機関（被控訴人会社）において、…技能実習が技能実習計画に基づいて適正に実施され、技能実習生の権利利益が適切に保護されているか、監理しなければならない。

被控訴人組合は、（被控訴人会社から）…パン製造工場以外の事業場において稼働させることが法令上可能かとの照会を複数回にわたって受けたこと、…控訴人らの資格外活動が、…比較的初期の段階から行われていること、…被控訴人組合は…月に一回の頻度で給与明細の確認、控訴人ら本人との面談等を実施して、…技能実習実施状況を確認していることからすれば、被控訴人組合は…被控訴人会社が控訴人らに資格外活動をさせている実情を認識し、指導等することによってこれを是正し得たというべきである。

以上のことから…控訴人らに対し不法行為責任を負う。

 応用と見直し

技能実習制度は、わが国で開発され培われた技能・技術・知識の開発途上国等への移転を図り、その発展を担う

人材形成に協力することを目的として創設された制度である。創設当初、この制度の適用を受けようとする外国人は「研修」の在留資格で研修生として入国し、雇用契約に基づかないで公私の機関で技能等を修得する活動である研修を受け、一定要件を満たす場合には、研修終了時に「特定活動」の在留資格への変更が許可され、研修を受けた機関と同じ機関において雇用契約に基づいてさらに実践的な技能等を修得する活動である技能実習を行うことができるものとされていた。

しかし、①かかる制度の目的を十分に理解せず、非就労資格である「研修」の在留資格のもとに実務研修を受ける外国人を事実上の低賃金労働者として使用する例が散見されたため、平成21年7月に成立した入管法の改正で、ⅰ実務研修を行う場合は、原則、雇用契約に基づいて技能等の修得をする活動を行うことを義務付け（労働関係法令上の保護が受けられるようになり）、またⅱ技能実習生の安定的な法的地位を確立する観点から、技能実習生に、独立の在留資格である「技能実習」を付与することが可能となった。

②また技能実習制度等の実習実施機関（第二次受入れ機関）が、制度を悪用して、法定労働時間を大幅に超える等の過酷な条件での作業に従事させたり、実習生等の旅券・預金通帳等を実習生等の自由な意思によることなく管理したりするなどの例もみられた。このような場合、実習生等の人格権侵害を理由に実習実施機関に対し不法行為責任を認めるとともに、実習実施機関における研修等を監理することとされている監理団体（第一次受入れ機関）についても共同不法行為責任を認めた裁判例が存する（プラスパアパレル協同組合事件＝福岡高判平22・9・13、東栄衣料破産管財人ほか事件＝福島地裁白河支判平24・2・14など）。

③これに対し本件は、実習実施機関である被控訴人会社が控訴人ら（技能実習生）に対し在留資格に応じた活動（業務）に属しない業務に従事させたため、控訴人らが資格外活動を理由に逮捕拘留され、技能実習を続けることができなくなったとして被控訴人会社らに対し不法行為に基づく損害賠償金の支払いを求めた事案である。

本件判旨は、技能実習制度の趣旨等から、技能実習生は実習実施機関にて就労して技能等の修得等を図ることを妨げられない利益を有するとしたうえで、入管法や省令などの規定や資格外活動が行われた場合の効果などを踏まえ、実習実施機関は、不法行為上の法

的義務として、技能実習生に対し資格外活動を行わせる業務命令を発してはならない義務を負い、同機関に対し不法行為責任を、同機関の監理を怠ったとして監理団体にも不法行為責任を認めたものである。技能実習生の実習実施機関において就労して技能等の修得等を図ることを妨げられない利益を認めた点において事例的意義が存する。

MEMO

株主代表訴訟で取締役らに過労自殺の賠償請求

－肥後銀行事件－ （熊本地判令3・7・21）

弁護士　緒方　彰人　　　　　　　　　　　　　　　［労経速 2464 号 3 頁］

　長時間労働により自殺した行員の遺族が、取締役らが適正な労働時間管理体制の構築を怠ったとして、株主代表訴訟を提起した。熊本地裁は、適切な労働時間管理体制は構築され、善管注意義務違反は認められないとした。自己申告を基礎とする仕組みを採用し、実態把握や改善のための調査を行っていたと認定した。上司でない取締役らが長時間労働を予見するのは困難としている。

時間管理体制は適正に整備、実態確認もあり注意義務違反無し

 事案の概要

　原告はA銀行の株主兼従業員であった亡Pの妻、被告らはA銀行の取締役であった者である。平成24年10月18日、Pは自殺を図り死亡した。

　当時、A銀行は、時間外・休日出勤時間外管理システム（時間外や休日出勤を行う者が、オンライン上で休日出勤の予定や実績を申請し、所属長が承認を行うシステム。以下「時間外管理システム」）、時間外勤務・退行時間管理表（従業員が退行時刻を記載し、各部室店の役席者が当該従業員の退行時刻を確認し、時間外管理システム上の申告時間との整合性を確認するための表。以下「時間外管理表」）および最終退行点検表兼当番鍵引継簿（各部室店ごと

に、日々最後に退行する従業員が施錠や消灯の確認をして捺印のうえ、担当部署等に報告する書類）により従業員の労働時間を管理していた。

　Pは、平成24年5〜10月までの間の自身の時間外労働時間を過少申告し、またPの上司も、部下従業員がどれだけの時間働いていたかについて正確に把握しておらず、時間外管理システムによる部下従業員の時間外労働の申請や時間外管理表の記載が実際の労働時間を反映するものであるかの確認をせず、労働時間の管理をしていなかった。

　原告らPの遺族は、Pの自殺は長時間労働によるものであるとして、A銀行に対し安全配慮義務違反に基づく損害賠償等請求訴訟を提起したところ、裁判所は、原告らの主張を認め、A銀行

に対し安全配慮義務違反に基づく損害賠償の支払いを命じた。

その後、原告は、Ａ銀行が原告らに対し損害賠償金等を支払い、また銀行としての信用が損なわれ信用毀損による損害を被ったのは、Ａ銀行の取締役であった被告らが、従業員の始業終業時刻をPCログ等により把握するようにしておらず、労働時間管理体制の構築に係る善管注意義務を懈怠したためであると主張して、代表訴訟を提起した。

 判決のポイント

①会社は従業員の健康等に対する安全配慮義務を遵守し、その労務管理において従業員の労働時間を適正に把握するための労働時間管理に係る体制を構築・運用すべき義務を負って（いる）。

②労働時間に係る体制の構築・運用は経営判断の問題であり…適切な労務管理体制の構築・運用を怠ったことが善管注意義務に違背するとしてその責任を追及するためには…取締役の判断の前提となった情報の収集、分析、検討が不合理なものであったか、あるいは、その事実認識に基づく判断の過程及び判断内容に明らかに不合理な点があったことを要する。

③Ａ銀行の労働時間管理に係る体制は、従業員による自己申告を基礎とするものであったものの、各部室店の…役席者が各従業員の退行を現認して時間外管理表の退行時刻を確認して押印することとされ、各部室所店長にその旨が周知されていたことに照らすと…適切に運用されていれば、従業員の時間外労働を適切に把握することができる仕組みとなっており、相応の合理性を有する体制が整備され…（平成13年の）労働時間適正把握基準に違反していたとは認められない。

④被告…が労務管理に関する内部統制システム構築・運用義務に違反したということはできない。

 応用と見直し

取締役会設置会社の取締役は、取締役会の構成員として、業務執行の決定と他の取締役の職務執行の監督を行うことを職務内容とする（会社法362条2項1号・2号）。取締役会の決定に基づき業務執行を担当する業務執行取締役（会社法363条1項2号）は、業務執行に当たり、自己の担当分野の下位の役職員（従業員を含む）に対する監督義務を負うほか、代表取締役も、業務全般の執行を担当する業務の総括者として、他の業務執行取締役の職務執行

を積極的に監視・監督する職責を負う。

　一定規模の会社になると、取締役が、個々の取締役または従業員の業務内容を監視・監督することは困難であり、一方で、監視・監督を行うことが困難なことを理由に免責をされることになることも適切でないことから、一定規模の会社は、従業員の不正行為の防止を含め、会社が営む事業の規模・特性等に応じて、リスクの状況を正確に把握し、適切に制御するためのリスク管理体制（内部統制システム）を構築する義務を負う（会社法362条4項6号参照）。同システムの構築も、業務執行の一環であり、また整備すべきリスク管理体制の内容は、事件事故の経験の蓄積と研究の進展により充実してくるものであるから、その合理性は当時の知見をもとに判断され、またどのようなリスク管理体制を整備すべきかは経営判断の問題であるから、会社経営の専門家である取締役に広い裁量が認められ（大和銀行事件＝大阪地判平12・9・20など）、また不正行為防止のための内部統制システムは、通常想定される不正行為を防止し得る程度のものか否か（日本システム技術事件＝最一小判平21・7・9など）、他の事業会社において採られていたリスク管理体制に劣るものであったか否か（ヤクルト事件＝東京高判平20・5・21

など）などを考慮して相当性が判断される。

　本件において、Pの労務管理は、その上司が行うことになっていたが、上司は適切な労働時間管理を怠り、結果、Pは長時間労働の実態にあったことから、A銀行における労働時間管理体制の当否が問題とされた。原告らは、従業員の始終業時刻をPCログで把握すべきであったなどと主張していたが、A銀行における労働時間管理は、自己申告を基礎とするものであったが、時間外管理表などによる実態確認などもされており、平成13年の旧基準にも沿うものであったことや、内部統制システムの構築に当たっては、取締役に広い裁量が認められること、合理的な内部統制システムが構築され、それが有効に機能しているときは、取締役は、他の取締役または使用人が担当する業務については、その内容の適正さについて疑いを抱かせる事情がない限り、適正に行われていると信頼することが許されること（信頼の権利。上掲・大和銀行事件など）からすれば、本件判旨は正当である。なお一応、労働時間管理システムが構築されていても、不備があることを認識しながら、是正の措置を講じなかった場合には、取締役の義務違反が認められることもあろう（管理体制の不備により法令

違反の食品製造が繰り返された末、食中毒が発生した事例において取締役の義務違反を認定した事例として、JT乳業事件＝名古屋高裁金沢支判平17・5・18など）。

なお、本件は原告により控訴されたが控訴棄却となっている（福岡高判令4・3・4）。

MEMO

コロナ流行中に出勤を命じた派遣元に賠償請求

－ロバート・ウォルターズ・ジャパン事件－（東京地判令3・9・28）

弁護士　緒方　彰人　　　　　　　　　　　　　[労経速 2470 号 22 頁]

　新型コロナウイルスの感染を懸念して在宅勤務を求めた派遣労働者が、出勤を命じた派遣元に対して安全配慮義務違反に基づく損害賠償を請求した。東京地裁は、当時通勤によって感染することを予見できなかったと判断。派遣元が派遣先に対し、在宅勤務を求めるべき義務は負わないとした。なお、派遣元は出勤時刻の繰下げを要望し実現させるなど十分な配慮をしたとしている。

感染予見できず、派遣元は在宅勤務求める義務を負わない

 事案の概要

　原告は、労働者派遣事業等を目的とする被告との間で、令和2年2月25日（以下令和2年の出来事は月日のみを記載する）、雇用期間および派遣期間を3月2日から同月31日まで、遣先事業所をQ社、就業時間を午前9時〜午後5時30分までとする派遣労働契約を締結し、Q社に派遣された。

　2月下旬頃、原告は、新型コロナウイルスの流行が始まっていたことなどから、被告に対し、通勤を通じて新型コロナウイルスに感染する不安を訴え、Q社への出勤時刻をずらし、通勤電車の混雑時間帯を避けることができるようにするとともに、当面の間、在宅勤務としてもらえるよう、Q社と調整してほしい

と依頼した。そこで、被告が、Q社に対し、在宅勤務や出勤時刻の繰下げの検討を依頼したところ、Q社より、3月2日は午前10時に出勤してもらいたいこと、その後原告と会って在宅勤務について話し合うことができるとの回答を得た。3月2日、原告は出勤後、Q社との間で、同日以降も出勤時刻を午前10時とすることを確認し、また3月10日からはQ社の許可を受けて在宅勤務をするようになった。在宅勤務中、原告は、始業終業時刻を3時間繰り上げたため、Q社はこれを問題視し、3月16日、被告に対し原告の在宅勤務を打ち切り、出勤を求めることにした旨を伝えた。

　Q社は被告に対し原告の労働者派遣契約を更新しない旨を伝え、被告は、3月19日、原告に対し、労働者派遣契約

の不更新に伴い、本件労働契約も3月31日の経過をもって期間満了により終了する旨を通知した。原告は、被告に対し、Q社に在宅勤務の必要性を訴え原告を在宅勤務させるように求める義務（安全配慮義務）があったなどと主張して、訴訟を提起した。

 判決のポイント

①令和2年3月初め頃は、新型コロナウイルスの流行が既に始まっており、原告のように通勤を通じて新型コロナウイルスに感染してしまうのではないかとの危惧を抱いていた者も少なからずいたことはうかがわれる。…他方で、当時は、新型コロナウイルスに関する知見がいまだ十分に集まっておらず（原告自身、…「得体のしれないウイルス」と形容している）、通勤によって感染する可能性があるのかや、その危険性の程度は必ずしも明らかになっているとはいえなかった。

そうすると、被告やQ社において、当時、原告が通勤によって新型コロナウイルスに感染することを具体的に予見できたと認めることはできない…。被告が、労働契約に伴う健康配慮義務又は安全配慮義務（労働契約法5条）として、Q社に対し、在宅勤務の必要性を訴え、

原告を在宅勤務させるように求めるべき義務を負っていたと認めることはできない。

②被告は、…Q社に対し、原告の出勤時刻の繰下げや在宅勤務の要望を伝え、出勤時刻の繰下げについては速やかに実現し…原告がQ社…と在宅勤務について協議する約束も取り付けている。…使用者として可能な十分な配慮をしていたというべきであり、…安全配慮義務違反があったとは認められない。

 応用と見直し

労働者派遣において、派遣労働者は、派遣元との間で労働契約を締結し、当該労働契約の下で、派遣先の指揮命令を受けて就労を行うが（派遣法2条1号）、派遣元は、派遣労働者の労働契約上の使用者であるから、派遣労働者に対し安全配慮義務を負う。

本件では、新型コロナウイルスが流行しているなか、派遣元である被告が、安全配慮義務として、派遣先に対し派遣労働者である原告について在宅勤務とするよう求める義務を負っていたか否かが問題となった。

安全配慮義務の具体的内容は、「労働者の職種、労務内容、労務提供場所等安全配慮義務が問題となる当該具体的

状況等」によって異なるが（川義事件
＝最三小判昭59・4・10）、まずは、事
故等発生の予見可能性があり、かつその発生を回避する可能性が存することが責任発生の要件となる（菅野和夫「労働法」）。予見可能性について、これまでの裁判例においては、当該具体的な状況の下で、「生命、身体に危害を及ぼす可能性を客観的に予測しうる」ものであり（陸上自衛隊朝霞駐屯地事件＝最三小判昭61・12・19など）、生命・健康という被害法益の重大性に鑑み、「安全性に疑念を抱かせる程度の抽象的な危惧であれば足り、必ずしも生命、健康に対する障害の性質、程度や発症頻度まで具体的に認識する必要はない」ものの（日鉄鉱業事件＝福岡高判平元・3・31）、何らかの原因によって疾病に罹患することで健康被害が発生する場合は、予見可能性の内容や程度は、医学的知見等を踏まえ判断されている（林野庁高知営林局事件＝最二小判平2・4・20）。

これらのことから、本件で原告が主張する在宅勤務を求める安全配慮義務の前提となる予見可能性は、本件の通勤や職場環境の具体的な状況に照らして、当時の医学的知見等を踏まえ、通勤時ないし出社時に、新型コロナウイルスに感染することが客観的に予測し得るもの

であったといえる状況にあったか否かが問題となろう。

この点、新型コロナウイルス感染症は、感染者の口や鼻から、咳・くしゃみ・会話等のときに排出される、ウイルスを含む飛沫またはエアロゾルと呼ばれるさらに小さな水分を含んだ状態の粒子を吸引することなどにより感染するものであり、マスクなしの会話や3密（密閉・密集・密接）が感染拡大リスクとなるとされている（厚労省「新型コロナウイルスに関するQ&A（一般の方向け）」）。そのため、通勤や職場環境の具体的な状況によっては、新型コロナウイルスに感染することが客観的に予測し得るといえることがあるとは思われるが、本件では、通勤や職場環境の具体的な状況が明らかでなく、当時の医学的知見を踏まえても、通勤や出社により新型コロナウイルスに感染することが客観的に予測し得るとはいえないと判断されたものと思われる。

また回避可能性については、「社会通念に照らし相当と評価される措置を講じたにもかかわらず、なおかつ損害の発生をみるに至った場合には、結果回避義務に欠けるものとはいえない」ため（前掲林野庁高知営林局事件）、具体的な状況によっては、3密の回避、マスクの着用、手洗いや消毒の励行、換気の徹底

などの基本的な感染対策の履行をもっ
て安全配慮義務の履行がなされている
と評価される場合もあると思われる。

MEMO

配属部署が存続不能で新卒留学生の入社困難に

－エスツー事件－（東京地判令3・9・29）

弁護士　岡芹　健夫　　　　　　　　　　　　　　　［労判 1261 号 70 頁］

　採用内定を取り消された外国人留学生が損害賠償を求めた。会社は、配属先の責任者が退職したため留学生が従事予定であった事業が存続不可能などと主張した。東京地裁は、勤務場所や職種の限定もなく、内定取消しを回避すべくあらゆる手段を検討すべきと判断。財務状況の悪化は認められるが、責任者の退職から 2 週間後の取消しを拙速とした。試用期間を超えて働く蓋然性を認め、半年を限度に損害金を算出した。

回避努力怠るとし、拙速な内定取消しを認めず

 事案の概要

　Y 社はサーバーホスティング事業等を営む会社である。X1 らはネパールまたはベトナム国籍を持ち、母国および日本で日本語を学んだうえで、専門学校（以下「B 学園」）にて I T デザイン等を学んでいた。

　Y 社は、ニアショアサービス事業（首都圏の法人顧客へのシステム開発等を地方都市で提供するサービス）への参入を検討していたところ、同分野の専門家とされる E が Y 社に入社したことから E を執行役員とし、同事業を主たる事業とする DLABO（以下「D」）を新設して E にその運営のほぼ全権を委ねた。

　平成 29 年 9 月ごろ、X1 らは、B 学園経由で有料職業紹介事業を営む C 社からの紹介を受け、Y 社の採用面接を受けた。

　平成 29 年 10 月以降、X1 らは、勤務開始日を平成 30 年 4 月 2 日、勤務場所を D 事業部等とする採用内定通知書を受領し、同年 10～12 月までの間に、入社承諾書等を Y 社に提出した。なお、Y 社の就業規則には、「業務の都合により必要がある場合は、社員に異動を命じ、または担当業務以外の業務を行わせることがある」旨の規定があった。

　平成 29 年 11 月、X 社は、E に確認のうえ、「X16 も経理職で採用してもらえる」旨のメールを B 学園に送信し、X16 は Y 社の面接に備えた。

　平成 30 年 2 月頃、E が他社名義で Y

社と競業可能性のある業務を行っていること等が発覚し、同月13日、EはY社を合意退職した。Eの退職後、Y社には他に開発の経験者がいなかったため、Dの事業見通しが立たなくなった。

同月27日、Y社は内定取消通知をX1らに交付した。同書面には入社後の部署の責任者…Eが退職したこと、就業予定であった部署の事業そのものの存続が不可能であること、…他部署での採用も困難であること、Y社において相談窓口を設け、ビザの変更および就職活動のサポートをしていくこと等が記載されていた。なお、同月時点で、Y社にはDの他に5つの部署があったものの、Y社全体の平成29年度の決算では、約2億2200万円の当期純損失となり、債務超過に陥っていた。

平成30年3月初め、Y社は、X1らに対し、就職活動についてY社のサポートを受ける意思があるか等を確認する内容のメールを送信し、B学園を訪れ、同学園に協力を求めた。その後もY社はX1らにメールで就職に関する情報を提供するなどしたが、X1らの応答はなかった。

その後、X1らが、本件内定取消しにかかる債務不履行ないし不法行為に基づき、X16が期待権侵害にかかる不法行為に基づき、それぞれ損害賠償等を請求してY社を提訴した。

 判決のポイント

ア　X1らは、…Y社から内定を受け、これを承諾したことにより、…Y社との間に始期付き解約権留保付きの労働契約（以下「本件契約」）が成立した…。本件内定通知書には、勤務場所としてD事業部、入社までの準備として…関連資格の取得を目指すことを求める旨の記載はある。しかしながら、上記記載をもって直ちに…勤務場所及び職種が限定されていたと認めることはできない上、…Y社の求人票には、ITエンジニアとは異なるサーバーエンジニアを募集する旨の記載がある上、…就業規則には、勤務場所及び職種を限定せず、Y社に配転命令権がある旨の規定があるから、本件契約において勤務場所及び職種の限定があったとは認められない。

イ　本件契約において解約権が留保された趣旨目的は、…本件内定当時に予期しえない事情により入社が困難となった場合に、本件内定を取り消すことができるとしたものと認められる。Y社は、Eの退職に伴い、…財務状況が悪化し…たことが認めら

れる。しかしながら、Y社が、Eに、Dのほぼ全権を委ね、適切なマネジメント体制を構築せず、…放置するなどしたことに由来するものというべきであるから、…人員削減の必要性が直ちに正当化されるものではない。（X1らに）勤務場所及び職種の限定は付されていなかったのであるから（前述ア）、…Y社としては、…内定取消しを回避すべく、あらゆる手段を検討すべきであったところ、…Eが退職したわずか2週間後…に本件内定取消しを行っており、拙速である上、…本件内定取消しの時点で未だ多くのX1らとは連絡すら取れていなかったというのであるから、Y社において真摯に内定取消しを回避する努力がされたとは認め難い。本件内定取消しは、…権利濫用として無効である。…X1らに対する不法行為を構成する。

ウ　X16は、…Y社において勤務することができるという法律上保護すべき期待権を有し…、Y社の一連の対応により上記期待権が侵害されたというべきであり、不法行為を構成する。

エ　X1らは長年日本語を学び、日本における就労意欲は高かったものと考えられ、試用期間を超えて相当程度勤務したであろう蓋然性が認められること、…留学生が…就職先を見つけるのは難しく、現にX1らの中には再就職先を見つけるのに1年半以上を要した者もいること等が認められ、…6か月分を限度に、本件内定取消しと給与相当損害金との間の相当因果関係を認めるのが相当である。

オ　（X1らへの）慰謝料は30万円（X16は、10万円）と認めるのが相当である。

 応用と見直し

　事業内容の悪化による内定取消しにつき、整理解雇法理に準じて判断した裁判例は、他にも存するところであるが（インフォミックス〈採用内定取消し〉事件＝東京地決平9・10・31）、本件では、昨今増加し、将来においてもその傾向が見込まれる外国人留学生に対する内定取消しが問題となったところである。

　事業所内の人的割合において、外国人労働者を多数活用する例は、まだ国内では多くはないと思われ、それもあって、一般には、外国人労働者は職種が特定されていると認識されがちなところであるが、本件のように、事案によっては、通常の日本人と同様に、企業内にお

いて職種が限定されていない(あるいは、ある程度広い職種を予定している) と認定されることがある点に留意すべきである。また、仮に、職種、勤務場所が特定されていると認められる事案であっても、企業としては、特定された職種、勤務場所以外における雇用確保についても、事案に応じて努力を払うことが必要とされている点にも、留意すべきであろう (シンガポール・デベロップメント銀行〈本訴〉事件=大阪地判平12・6・23)。

損害賠償等

MEMO

所定休日は元請で副業し連勤・長時間労働に…

－大器キャリアキャスティングほか1社事件－　（大阪地判令3・10・28）

弁護士　牛嶋　勉　　　　　　　　　　　　　　　　［労判1257号17頁］

　24時間営業のガソリンスタンドの夜間運営を請け負う会社の従業員が、休日に同店を運営する元請で副業し、過労死ラインを上回ったなどとして2社に損害賠償等を求めた。大阪地裁は、労働時間、休日に関する労基法の趣旨を損なう行動を自ら積極的に取っており、会社が休むよう注意していたことも考慮して安全配慮義務違反を否定。深夜帯の労働密度は薄いなど、負担は大きくなかった。

休むよう注意あり、安全配慮義務違反を認めず

 事案の概要

　原告は、セルフ方式による24時間営業の給油所において、主に深夜早朝時間帯で就労していた。

　給油所を運営するA社は、深夜早朝時間帯における給油所の運営業務を大器㈱に委託し、同社は、その業務を被告大器CCに再委託した。

　原告は、大器CCとの労働契約に基づき、深夜早朝時間帯で就労していたが、その後、A社とも労働契約を締結し、大器CCでの就労に加えて、A社との労働契約に基づき、週1、2日、深夜早朝以外の時間帯にも就労した。

　原告は、被告大器CCに対し、期間満了による雇止めが無効であるとして、労

働契約上の地位確認請求、被告大器CCが労働時間の軽減等をすべき注意義務を怠ったこと、および原告が受けたパワハラに適切に対処しなかったことが不法行為に当たるとする損害賠償請求、雇止めによる精神的苦痛の損害賠償請求等を行った。また、A社を吸収合併した被告ENEOSに対しては、原告の労働時間の軽減等をすべき注意義務を怠ったことが不法行為に当たるとする損害賠償請求等を行った。

 判決のポイント

　被告大器CC及びA社との労働契約に基づく原告の連続かつ長時間労働の発生は、原告の積極的な選択の結果生

じたもので…、原告は、連続かつ長時間労働の発生という労働基準法32条及び35条の趣旨を自ら積極的に損なう行動を取っていたものといえる。

被告大器CCとしては…原告とA社の労働契約関係に直接介入してその労働日数を減少させることができる地位にあるものでもない…。

そもそも原告の担当業務に関する労働密度は相当薄い…こと、被告大器CCは基本的に日曜日を休日として設定していること、○○（筆者注：エリアマネージャー）は原告に対し、労働法上の問題のあることを指摘し、また、原告自身の体調を考慮して休んでほしい旨注意をした上、原告に…A社の下での就労を確実に辞める旨の約束を取り付けていることなど…を踏まえると、被告大器CCが原告との労働契約上の注意義務ないし安全配慮義務に違反したとまでは認められない。

原告は、週3日間程度、A社とは資本関係等がない同業の競合他社である訴外会社が運営していた▲店において勤務していたものであり、A社において、原告の▲店における労働時間等を当然に把握していたものではない。

連続かつ長時間労働に関し、A社において、原告主張に係る不法行為責任…又は労働契約上の債務不履行責任は

認められないから、原告の被告ENEOSに対する…損害賠償請求は…理由がない。

本件労働契約上の更新回数、通算した契約期間、原告の就労状況、業務指導に対する対応状況等を踏まえると、…原告について契約更新に対する合理的期待があると認めることは困難である。…仮に、契約更新に対する合理的期待の点を措くとしても、…原告の就労状況、業務指導に対する対応状況等を踏まえると、被告大器CCが原告との労働契約について雇止めしたことについて、合理的理由があり、かつ、社会通念上も相当と解される。

応用と見直し

❖副業・兼業への対処

厚生労働省は、「副業・兼業の促進に関するガイドライン」（最終改定令4・7・8）を定め、副業・兼業の促進を図っている。しかし、副業・兼業には、労務管理上、さまざまな問題が含まれており、促進を図れば良いというものではない。

ガイドラインも、企業の対応における留意点として、「安全配慮義務」「秘密保持義務」「競業避止義務」「誠実義務」の4点を指摘している。同ガイドライン

が指摘するように、「使用者が、労働者の全体としての業務量・時間が過重であることを把握しながら、何らの配慮をしないまま、労働者の健康に支障が生ずるに至った場合」は、使用者は、安全配慮義務違反を問われる。

ガイドラインは、副業・兼業に関する従前の裁判例について、労働者が労働時間以外の時間をどのように利用するかは、基本的には労働者の自由であるとされているが、例外的に、労働者の副業・兼業を禁止または制限することができる場合として、①労務提供上の支障がある場合、②業務上の秘密が漏洩する場合、③競業により自社の利益が害される場合、④自社の名誉や信用を損なう行為や信頼関係を破壊する行為がある場合があると概括している。

厚労省は、副業・兼業を促進する観点から、副業・兼業を届出制にすることを想定しているが、必ずしも賛成できない。従前の多数の企業がそうであったように、就業規則において、副業・兼業を許可制にして、その許可手続きにおいて、上記の①②③④等の観点から問題がないことを十分確認して許可すべきである。しかし、上記の4点以上に問題なのは、副業・兼業がなされた場合の労働時間管理である。

❖ 副業・兼業の労働時間管理

厚労省は、「副業・兼業の場合における労働時間管理に係る労働基準法第38条第1項の解釈等について」（令2・9・1基発0901第3号）という通達を出している。

同通達は、「副業・兼業の開始後」は、「自らの事業場における所定外労働時間と他の使用者の事業場における所定外労働時間とを当該所定外労働が行われる順に通算して、自らの事業場の労働時間制度における法定労働時間を超える部分がある場合は、当該超える部分が時間外労働」と解している。使用者は、労働者の申告等によって取り扱うしかないから、同通達は、「労働者からの申告等がなかった場合には労働時間の通算は要せず、また、労働者からの申告等により把握した他の使用者の事業場における労働時間が事実と異なっていた場合でも労働者からの申告等により把握した労働時間によって通算していれば足りる」と解している。しかし、これに従ったとしても、紛争に発展する可能性は少なくない。

❖ 実務上の留意点

筆者は、上記ガイドライン以前の事案であるが、自社勤務の後、他社でも

相当時間勤務し、精神疾患を発症した事案の損害賠償請求事件を取り扱った。副業・兼業を許可ないし許容した場合は、日常の労働時間管理に手間暇がかかるのみならず、安全配慮義務違反を問われる可能性も少なくない。従業員から副業・兼業の許可を求められた場合は、それらの点も考慮して、十分慎重に検討する必要がある。

MEMO

社外転身促す研修受講命じられ損害賠償求める

－日立製作所（退職勧奨）事件－（東京地判令 3・12・21）

弁護士　渡部　邦昭　　　　　　　　　　　　　　　［労経速 2477 号 3 頁］

　研修は違法な退職勧奨であり、拒否した結果降格されたとして、労働者が損害賠償や地位確認を求めた。東京地裁は、研修の内容や受講を拒否した後の面談が、退職の自由な意思形成を妨げるほどの執拗さや態様で行われたとは認め難いとした。管理職としての業績を果たせず、降格の業務上の必要性を認めた。降格は労働局へ助言指導を求めたことの意趣返しとの主張を退けている。

再度の退職勧奨に違法性なし、降格は関連性否定

 事案の概要

　労働者甲は、平成 7 年 4 月に会社と期間の定めのない労働契約を締結し、20 年 4 月には主任技師（課長相当職）に昇格した。その後、甲は、26 年 5 月から休職し、29 年 1 月に復職した。甲は、復職後および平成 29 年度の初めごろにそれぞれ個人目標の売上げを設定したが、いずれの期も全く売上げを上げることができず、賞与評価も最低ランクだった。そのような中、会社は甲に対し、平成 29 年 11 ～ 12 月にかけて実施された「キャリア・チャレンジ研修」の受講を指示した。本件研修では、「社外転身」に活路を見出す方向で、これからのキャリア形成を考えて欲しいとの会社の意向が示されたが、同研修において、転

職を考えていない甲は、会社グループへの残留を前提としたキャリアプランを作成、発表した。また、研修後の 29 年 12 月 26 日、甲は上長との面談において、上長から「『社外転身サポートプログラム』について」と題した書面を手渡しされ、引き続き「キャリア・チャレンジ研修：フォローアップ研修」への参加を命じられた。30 年 1 月、甲に対する同研修が実施されたが、甲は 2 回目の研修時に、違法な退職勧奨で、違法な研修であると抗議したため、その後同研修は中止された。

　30 年 4 月、上長は甲に対し、平成 30 年度上期（4 ～ 9 月）に売上げ目標を達成することができなかった場合には主任技師（主任相当職）から技師への降格を予定している旨を告げた。甲は、

同期間にも全く売上げを上げることができなかったため、同年10月1日付で、会社は甲を技師に降格させ、給与は月額51万円から40万3000円となった。ただし、降格で管理職を外れたことにより、本給とは別に裁量労働勤務手当が支給されるようになった。

本件は、甲が会社に対し、違法な退職勧奨を受けたとして、不法行為に基づく損害賠償として慰謝料300万円、退職勧奨に応じなかった制裁としてなされた降格および賃金の減額が人事権の濫用により無効であるとして、主任技師の地位にあることの確認、本件降格前後の給与差額等の支払いを求めて訴えを提起した。

本件の争点は、退職勧奨が行きすぎて、その限界を超えた違法なものであったか否かであるが、本判決はおよそ以下のように判示して、甲の請求を斥けた。

 判決のポイント

1 退職勧奨の有無について

退職勧奨自体は、労働者に退職を勧める使用者の行為にすぎず、このような勧奨行為を行うこと自体は自由である。もっとも、退職勧奨が、対象とされた労働者の自発的な退職意思の形成を促す

という本来の目的を超えて、社会通念上相当とは認められないほどの執拗さで行われるなど、当該労働者に不当な心理的圧力を加える態様で行われたり、その名誉感情を不当に害するような言辞を用いたりして行われた場合には、当該労働者の自由な退職意思の形成を妨げたり、不当にその名誉感情を侵害したりする違法なものとして不法行為を構成する。

本件の研修で参加者に示されたスライドには、参加者らが会社から「月俸者」（管理職）に値しない成果しか挙げておらず、…新たな業務ミッションに就くことは極めて難しく、転職に活路を見出してほしいと見られている旨が記載されており、その内容に照らし…会社の甲ら参加者に対する当時の評価を記載したものにすぎず、甲ら参加者の名誉感情を不当に害するような社会通念上許容されない表現も用いられてはいない。研修は、…退職勧奨をしたとみる余地はあるものの、…会社やそのグループ会社に残ることを希望する参加者には、残留を前提とするキャリアプランの作成を求め、甲も会社に残留することを前提としたキャリアプラン等を作成していることにも照らすと、本件研修が甲ら参加者の自由な意思形成を妨げるほど執拗さや態様で行われたとまでは認めることが

できない。

2 退職勧奨の違法性について

退職を一旦は断った者に対し再考を求め、再度退職を促すことも、…対象とされた労働者の自発的な退職意思の形成を促すものである場合には違法ということはできず、それが社会通念上相当とは認められないほどの執拗さで行われるなど、当該労働者に不当な心理的圧力を加え、その自由な退職意思の形成を妨げた場合に初めて違法となり、不法行為を構成することがあるというべきである。…（面談は）内容や態様に照らし、甲の自由な意思形成を妨げるようなものであったとは認め難い。…部長は、甲に対し、フォローアップ研修の受講も命じているが、…甲が…退職勧奨に応じる意思がないことを明らかにしていたにもかかわらず行われたという点は問題となりうるものの、社会通念上相当と認められないほどの執拗さや態様で甲に退職を迫ったことを認めるに足りる証拠はなく、また、甲が不当な退職勧奨であると抗議するや、途中で中止され、それ以上、甲に退職を働きかけることをしていないことに照らすと、甲の自由な退職意思の形成を妨げるほどのものであったとまではいえず、違法であるとまでは認められない。

3 降格と減給の効力について

甲は、降格は、甲が会社の退職勧奨に応じなかったこと…に対する制裁、意識返し目的…と主張する（が）、…認め難い。

 応用と見直し

会社における不況時の人員削減策や、定年前の高齢者の削減策として、労働者に対して合意解約ないし一方的解約（辞職）としての退職勧奨を行う場合には、その任意の意思を尊重する態様で行うことを要するのは当然である。また、退職勧奨は解雇ではないから、人員削減目的であって、整理解雇の4要件ないし要素を満たす必要はない（ダイフク事件＝大阪地判平12・9・8）。社会的相当性を逸脱した態様での半強制的ないし執拗な退職勧奨行為は不法行為を構成し、当該労働者に対する損害賠償責任を生ぜしめ得る（下関商業高校事件＝最一小判昭55・7・10）。

退職勧奨の違法性の限界を一義的に定義することは難しく、事案ごとに個別具体的に判断するほかないが、本件では、管理職である主任技師から一般職である技師への降格が、甲の成績評価が低かったことから裁量権の範囲内にあ

るとの判断がベースにあった。その点を踏まえて、再度にわたる退職勧奨も違法とまではいえないと判断したものである。

退職勧奨の限界を考察する場合、労働者の成績評価と密接に関連していることを改めて確認する必要があろう。

MEMO

定期健康診断の病院選んで受診すると自腹に？

－セヴァ福祉会事件－（京都地判令4・5・11）

弁護士　岩本　充史

［労判1268号22頁］

定期健診の費用を自己負担した労働者が、会社に費用等を請求した。京都地裁は、原則として会社が負担すべきとした。会社が医療機関等を指定した証拠はないが、安衛法では労働者自ら医師を選択できるとし、定期健診で2万〜3万円のコースを受診することは必要かつ合理的と認め、会社に不当利得の返還を命じた。その他、タイムカードの打刻時刻から労働時間を認定している。

健診費用は会社負担が原則とし費用返還命じる

 事案の概要

本件は、被告Yの経営する保育園において、勤務したXが、①時間外・深夜割増賃金の差額、②月額固定給の差額、③Xが負担した定期健康診断の費用、④恒常的に月間80時間を超える長時間労働を強いられたとして、労働契約上の安全配慮義務違反の損害賠償、⑤労基法114条に基づく付加金等の支払いを求めた事案である。本件の争点は、多岐にわたるが、労働時間の認定およびXが受診した定期健康診断の費用をYが負担する義務があるか否かに係る部分を紹介する。

 判決のポイント

1　未払割増賃金の有無及びその額

Yは、タイムカードの打刻時刻は、単に出園・退園時刻を示すものにすぎず、労働時間を正確に証するものではない、特に、Xが最終退園者となる場合の打刻時刻は、YがXに指示した業務量に比して不自然であり、Xが意図的に打刻時刻を遅らせていた疑いがあるなどと主張する。しかしながら、Yは、タイムカードの打刻時刻と、Xの実際の始業・終業の時刻との間に不一致があることを何ら具体的に立証できていない。むしろ、本件事業場では、夜間保育も行っていたところ、夜間保育の時間も含め、…園

児数に応じた保育士の配置基準を満たす人数の保育士を配置できる勤務シフトを組もうとしても、保育士の絶対数が足りなかったことから、Xを含むほとんどの保育士が毎日残業をする前提で勤務シフトが組まれていたこと、YもXとG保育士以外の保育士の残業については真に業務に従事していたことを認めていること、Xは、総合責任主幹という管理職の立場での業務に従事しつつ、G保育士とともに一人担任（幼児クラス）も務め、乳児クラスの全クラスのアシスタント業務にも従事しており、いずれの年度も他の保育士に比して多忙であったことからすれば、Xの残業が、頻度及び時間のいずれにおいても、他の保育士よりはるかに多かったとしても何ら不自然ではない…Xのタイムカードの打刻時刻は、Xの労働時間を正確に証するものであると認めるのが相当である。

休憩時間について

本件事業場では、保育士の配置基準を満たす最低限の人数の職員で運営がされていたことから、一人担任の保育士は、休憩時間であっても保育現場を離れることができず、連絡帳の記載など必要な業務を行って過ごしていたこと、また、食事さえも、業務の一部である食事指導として基本的には園児と一緒にとることになっていたこと、…Xは、…

一人担任の保育士に交替で30分間の休憩を取らせるために、…担当業務を肩代わりしていたことからすれば、Xは、本件事業場では、休憩をとることができていなかったと認めるのが相当である。

2　YにXが受診した定期健康診断の費用を負担する義務の有無

Xは、…健康診断費用を自己負担したところ、事業者は、労働者に対し、医師による健康診断を行わなければならないとされており（安衛法66条1項）、定期健康診断を実施するのに要する費用については、法により事業者に健康診断の実施が義務づけられている以上、当然に事業者が負担すべきものとされている（昭47・9・18基発602号）。したがって、Xが負担した定期健康診断の費用相当額は、法律上の原因なくXが負担させられたものであり、その支払を免れた分の利得がYに発生しているので、Yは、不当利得としてその費用相当額をXに返還する法的責任を負う（民法703条）というべきである。

労働者は、事業者の指定した医師が行う健康診断を受けることを希望しない場合において、他の医師の行う健康診断を受けることができるとされていることからすれば（安衛法66条5項）、使

用者は、労働者の負担した費用が必要性、合理性を欠く場合でない限り、償還を拒むことができないと解すべきである。本件では、…53歳のXにとって、毎年の健康診断の受診も、その際に2万円から3万円程度のコースを受診するのも、いずれも、要かつ合理的ということができるから、Yは償還を拒むことができない。

 応用と見直し

1 タイムカードによる労働時間の認定

厚労省は平成29年に労働時間の適正な把握のために使者が講ずべき措置に関するガイドラインを策定し、それにおいて始業・終業時刻の確認および記録の原則的な方法として、タイムカード等の客観的な記録を基礎として確認し、記録することを求めている。本判決は、上記のとおり、Xの保育業務の実態を踏まえ、タイムカードに打刻されていた始業から終業までの全ての時間を労働時間であると判断した。本事案で認定された事実を前提とするとこの判断は相当と考える。もっとも、裁判例では、本判決と同様にタイムカードの記録どおりの労働時間を認定するものがある反面、

タイムカードの記録から労働時間を認定することはできないとするものや、タイムカードに打刻された時間から一定時間を控除するもの等さまざまである。ただ、タイムカードの記録を労働時間の管理や賃金計算のために用いていたことが認定された事案では、その記録により労働者の労働時間を認定されているが、かかる管理に用いていなかったと認定されている事案では労働時間の認定に使用することを避けている（たとえば藤ビルメンテナンス事件＝東京地判平20・3・21等）。本判決は、タイムカードを打刻させる場合にはその打刻の意味、目的を十分に検討する必要があることを示す事案であると思われる。

2 安衛法66条5項ただし書による健康診断を受診した場合の費用

本判決は、Yがその費用を負担すべきと判断した。しかし、この判断については次の2点を指摘しておく。①安衛法上定期健康診断項目は法定されており（安衛則44条1項）、事業者が負担すべき費用は、法定されているものに限られ、Xが受診した検査項目の確認が必要と解されるが、この点が本判決では明らかではないこと、②事業者の指定した医師の健康診断の受診を希望しない

場合に、他の医師の健診を受診する場合の費用を事業者が負担すべきとの本判決の理由が明らかではない。むしろ、安衛法の条文を読む限り、別の医師の行う健康診断を受診したことを証明する書面を事業者に提出すれば、労働者は当該事業者の実施する健康診断、すなわち安衛法66条1項から4項までの健康診断を受診する義務が免除されるのであるから、安衛法66条5項ただし書による健康診断は安衛法66条1項から4項までの健康診断とは異なるのであるから、労働者がその費用を負担すべきと解することが適当と思われる。

MEMO

石綿粉じんで病気に、国と建材会社へ賠償請求

－国・建設アスベスト（神奈川）事件－（最一小判令3・5・17）

弁護士　岡芹　健夫　　　　　　　　　　　　　　　　　　　［最高裁WEB］

建設作業で石綿にばく露して肺がんなどを発症した大工らが、国と建材メーカーに対して損害賠償を求めた。最高裁は、石綿含有建材を取り扱って健康障害が生じるおそれがあることは、労働者に該当するか否かで変わらず、国は規制権限を行使すべきだったと判示。石綿含有建材の表示や危険性の掲示、防じんマスク着用の指導監督を怠った国のほか、メーカーの責任も一部認めた。

健康損なうおそれあり、労働者「以外」も保護対象

 事案の概要

原告らは、被告国（以下「Y1」）に対し、建設作業従事者が石綿含有建材から生ずる石綿粉じんにばく露することを防止するために、Y1が労働安全衛生法（以下「安衛法」）に基づく規制権限を行使しなかったことが違法であるなどと主張して、国家賠償法（以下「国賠法」）1条1項に基づく損害賠償を求めた。また、建材メーカー各社（合わせて以下「Y2ら」）に対し、Y2らが石綿含有建材から生ずる粉じんにばく露すると石綿関連疾患にり患する危険があること等を表示することなく石綿含有建材を製造販売したことにより上記疾患にり患したと主張して（原告らのうち以上の主張をする者を以下「Xら」）、不法行為に基づく損害賠償を求めた。

Xらは建設作業従事者であるが、稼働する建設現場に、石綿を含有したY2らの製品が、昭和50年〜平成4年までの間に相当回数用いられていたことにより、作業により発散、飛散した石綿粉じんにばく露することがあった。

昭和33年には石綿肺に関する医学的知見が確立し、その後、国内外で石綿の発がん性が指摘されるようになっていた。

同50年には労働省労働基準局長が石綿等についての安衛法57条に基づく表示の具体的記載方法を示した通達を発出し、同年の特定化学物質等障害予防規則（以下「特化則」）の改正により、石綿等を取り扱う作業場における石綿等の人体に及ぼす作用等の掲示義務規

定が設けられた。

　原審（東京高判平29・10・27）は、Y1は遅くとも昭和56年1月の時点で、安衛法27条に基づき、特化則を改正するなどして、事業者に対して、屋根を有し周囲の半分以上が外壁に囲まれ屋内作業場と評価し得る建設作業現場の内部において、石綿含有建材の取扱い作業およびその周囲での作業に従事させる労働者に呼吸用保護具を使用させることを罰則をもって義務付けるべきであったとしつつも、安衛法2条2号において定義された労働者と認められない者との関係では、上記規制権限を行使する職務上の法的義務を負担しないとした。

　他方、Y2らについては、石綿含有の製品につきその危険性を警告表示する義務の違反を認めたうえで（義務の始期は製品により若干異なる）、民法719条1項後段の適用には、各加害者の行為が、経験則上、それのみで生じた損害との間の因果関係を推定し得る程度に具体的な危険を惹起するものであることを主張立証する必要があるとし、被害者が特定した加害者以外には加害者となり得る者が存在しないことを同項後段の適用の要件と解することは相当ではないとした（理由として、被害者が特定した加害者の行為と同等の危険性を

有する行為をした第三者が存在しても、直ちに因果関係の推定の基礎が崩れないとした）。

　もっとも、中皮腫は、少量ばく露によっても発症し得ることから、石綿粉じんばく露にかかわった加害者が多数存在し得る状況において、加害者として特定された者が、他に加害行為を行った者が多数存在し、これらの者による石綿粉じんばく露の方が自らの加害行為よりもばく露量が大きいことを証明したとしても、同項後段の推定を覆せないとすると衡平を失する…。石綿粉じんのばく露量全体との関係で、主要ばく露建材を製造販売した企業らの集団的寄与度を定め、これに応じた割合的責任の範囲内で、同項後段を適用して、Y2らに連帯責任を負担させるのが相当であるとした（中皮腫以外の損害については紙面の都合で割愛）。

 判決のポイント

　労働大臣は、石綿に係る規制を強化する昭和50年改正後の特化則が…施行された同年10月1日には、安衛法に基づく規制権限を行使して、通達を発出するなどして、石綿含有建材の表示および石綿含有建材を取り扱う建設現場における掲示として、石綿含有建材から

生ずる粉じんを吸入すると…石綿関連疾患を発症する危険があること、…石綿粉じんを発散させる作業及びその周囲における作業をする際には必ず適切な防じんマスクを着用する必要があることを示すように指導監督するとともに、安衛法に基づく省令制定権限を行使して、事業者に対し、屋内建設現場において上記各作業に労働者を従事させる場合に呼吸用保護具を使用させることを義務付けるべきであった。

安衛法1条は、快適な職場環境の形成を促進することをも目的に掲げているのであるから、労働者に該当しない者が、労働者と同じ場所で働き、健康障害を生ずるおそれのある物を取り扱う場合に、安衛法57条が労働者に該当しない者を当然に保護の対象外としているとは解し難い。

民法719条1項後段は、…被害者の保護を図るため、公益的観点から、因果関係の立証責任を転換し（た）趣旨…と解される。…被害者によって特定された…複数の行為者のほかに被害者の損害をそれのみで惹起し得る行為をした者が存在しないことは、同項後段の適用の要件である…。本件においては、被害者保護の見地から、上記の同項後段が適用される場合との均衡を図って、同項後段の類推適用により、因果関係

の立証責任が転換されると解するのが相当である。…Y2らのうち3社が中皮腫にり患したXらの各損害の3分の1について、…連帯責任を負うとした原審の判断は、結論において是認することができる（同項後段の要件の解釈を狭く解しつつも被害者保護の見地より原審の結論を維持）。

 応用と見直し

本件の特色は、国の規制権限不行使による国家賠償責任を認めたこと、複数の石綿建材メーカーについての警告表示義務違反の存在およびその時期（本件では、製品ごとに異なるとしている）、同メーカーの連帯責任についての民法719条1項後段の解釈といった諸点にある。

石綿建材は、昭和期には耐火性等の関係で社会全般で広く使用されていたうえに、中皮腫は石綿ばく露より長期間（通常30年以上）経って発症する関係上、中皮腫発症の原因となった石綿建材がどのメーカーの製造によるのかを特定することが難しく、本件のような、石綿のばく露を受けた作業者が、複数の石綿建材メーカーに対して連帯の損害賠償請求を行う事例および裁判が今後も続いていくことが予想される。ただ、

石綿のばく露の有無および程度は、作業環境（たとえば屋外か屋内か）、石綿建材の種類およびそのあるべき用法によっても変わってくることが想定される こと等もあり、本判決の射程については、続く裁判例との事案の異同にもかかってくるものと思われる。

MEMO

退職後発覚した非違行為、訴訟で主張できる？

－広島山陽学園事件－ （広島高判令 2・2・26）

弁護士　中町　誠　　　　　　　　　　　　　　　　　　［判例集未掲載］

　雇止めされた教員が地位確認を求めた事案の控訴審。学校は、訴訟において雇止め後に発覚した非違行為を追加主張した。広島高裁は、退職証明書に記載のない事項は、雇止めの事情として考慮できないと判断。証明書は労働者に解雇の効力を争うか否かの便宜を与えるためのもので、労基法の立法趣旨に反するとした。1 年分の賃金支払いを命じたが、次期更新時の雇止めは有効とした。

雇止め理由の追加認めず 1 年分の賃金支払い命じる

 事案の概要

　本件は、控訴人（一審原告）が、被控訴人（一審被告）との間で締結した、平成 23 年 4 月 1 日を始期とする期間 1 年の労働契約が 3 回にわたり更新されたものの、平成 27 年 4 月 1 日には更新されなかったことについて、本件労働契約が期間の定めのない労働契約に転化していた、または、労働契約法 19 条 1 号もしくは 2 号により更新されたなどと主張して、被控訴人に対し、(1)雇用契約（本件労働契約）上の権利を有する地位にあることの確認を求めるとともに、(2)本件労働契約に基づく賃金請求を求めた事案である。

　原審（広島地判平 30・10・31）は、控訴人の訴えのうち原判決確定後の賃金請求に係る部分を却下し、控訴人のその余の請求をいずれも棄却したところ、控訴人が本件控訴をした。

 判決のポイント

　労働基準法 22 条 1 項は、労働者が、退職の場合において、使用者に対し、退職の事由（退職の事由が解雇の場合にあっては、その理由を含む）について証明書を請求することができる旨定めており、また、これを受けて平成 15 年厚労省告示 2 条（平成 24 年厚生労働省告示 551 号により一部改正）は、3 回以上更新し、又は雇入れの日から起算して 1 年を超えて継続勤務している者に係る有期労働契約を使用者が更新しないこととしようとする場合において、使

用者は、労働者が更新しないこととする理由について証明書を請求したときは、遅滞なくこれを交付しなければならないと定めている。労働基準法22条1項が解雇理由証明書の請求について規定したのは、解雇が労働者に大きな不利益を与えるものであることに鑑み、解雇理由を明示することによって不当解雇を抑制するとともに、労働者に当該解雇の効力を争うか否かの判断の便宜を与える趣旨に出たものと解されるから、解雇理由証明書に記載のなかった事由を使用者において解雇理由として主張することは、原則として許されないというべきである。そして、この理は、平成15年厚労省告示が定める有期労働契約を更新しない場合の更新しない事由についても同様である。もっとも、本来、雇止めが社会通念上相当かどうかについては、当初の有期労働契約締結時から雇止めの時までの全期間における事情を総合的に勘案してされるべきものであるから、更新しない理由に係る証明書に記載されていない事情を使用者が雇止めの理由として主張しても、上記の立法趣旨に反しないと認められる特段の事情があれば、当該主張は認められるというべきである。

これを本件雇止め以降の本件労働契約の各更新期についてみると、…平成27年3月末日の更新期においては、…（控訴人の要求に基づいて交付した退職理由証明書に記載のない）控訴人による前記現金の着服及び領収証の偽造の事実を、本件雇止めの合理的理由等を基礎付ける事情として考慮することはできない。

しかし、平成28年3月末日の更新期においては、既に、控訴人による前記現金の着服及び領収証の偽造の事実が発覚しており、被控訴人はこれを控訴人に告げていたものと認められるから、同更新期において、被控訴人が本件労働契約の更新を拒絶することに客観的に合理的な理由があり社会通念上相当と認められるかの判断において、上記現金の着服及び領収証の偽造の事実を考慮することができる（平成27年3月末の雇止めは無効であるが、平成28年3月末の雇止めは有効。控訴人の平成27年度分の賃金請求を認める）。

 応用と見直し

本件は雇止めに際して、労働者の求めに応じて交付した退職証明書に記載のない事実を訴訟において追加主張できるかが争われた事案である。本論点については、訴訟上別の事実を追加主張できるとする説とできないとする説が

あり、本判決は後者の見解を採用したおそらく初めての裁判例である。

行政法の分野では、公務員の処分について処分時に処分理由書の交付が義務付けられていることもあり、処分理由の追加の当否がかねてより論じられてきた。通説は、懲戒処分については、処分自体が個々の事実に対するものであるから密接関連した事実以外の追加主張は認められない（最三小判昭59・12・18）が、通常解雇に相当する分限処分は特定の事実に着目した評価ではなく、適格性についての全体的評価が問題となるのであるから、理由の追加は原則として（廃職または過員理由の分限処分は別の処分でありこの理由による追加主張はできない）これを認めている。

また最高裁（最二小判平11・11・19）は、理由付記制度について、逗子市情報公開条例の事例に関し非公開の決定に理由を付記する目的は「非公開の理由の有無について実施機関の判断の慎重と公正妥当とを担保してそのし意を抑制するとともに、非公開の理由を公開請求者に知らせることによって、その不服申立てに便宜を与えること」にあり、そのような目的は「非公開の理由を具体的に記載して通知させること自体をもってひとまず実現される」として、「右の理由通知の定めが、右の趣旨を超えて、一

たび通知書に理由を付記した以上、実施機関が当該理由以外の理由を非公開決定処分の取消訴訟において主張することを許さないものとする趣旨をも含むと解すべき根拠はない」と判示している。

以上の理由付記制度は、処分と同時に明示する必要があるが、労基法22条の規制は、解雇時ではなく、事後的に労働者の要求があった時点で交付の義務が生じるという一段と緩やかな規制となっている。このような緩やかな公法上の義務規定に、訴訟上追加主張を許さないとの法的効力まで含意しているかは大いに疑問がある。また、本件は雇止めの事案であり、本判決はその根拠を告示に求めている。しかし、労基法14条2項の告示は、同3項の行政による基準設定と助言・指導に根拠を与えるものにすぎず、私法上の効力を有するものではないと解されてきた。したがって、これに反する本判決の判断にも問題があろう（ちなみに本判決は、上訴されず確定している）。

なお、追加主張肯定説の立場でも、裁判所が自由心証の中で、解雇（退職）当時は使用者が追加の事実を重視しなかった点が考慮され得ることが指摘されている。

いずれにせよ使用者としては、退職証明書の重要性を認識し、その交付を

求められた場合は、顧問弁護士等に相談のうえ、記載漏れのないよう細心の注意を払う必要があることはいうまでもない。（なお、本判決の詳細な分析については拙稿ジュリスト 1579 号 142 頁を参照されたい。）

MEMO

有期契約当初から5年上限、雇止め有効か

－日本通運（川崎・雇止め）事件－（横浜地裁川崎支判令3・3・30）

弁護士　石井　妙子　　　　　　　　　　　　　　　［労判ジャ112号40頁］

> 　5年を超えて更新しない条件で労働契約を締結してその後雇止めされた事務員が、無期転換権の回避が目的で無効と訴えた。横浜地裁川崎支部は、更新上限は直ちに違法にならないとしたうえで、労使協議で社内ルールを定めて契約期間は5年を上限としており、法の潜脱に当たらないと判断。運用の実態も踏まえて、契約更新の期待は合理的といえず、雇止め有効とした。

労使間でルール化されており、無期転換制の潜脱に当たらず

事案の概要

　Xは、派遣社員としてY社のオイル配送センターで約9カ月間就労し、その後、事務員として、同社と有期雇用契約を締結した。雇用契約には「最初の雇用契約開始日から通算して5年を超えて更新することはない」と明記され、また、雇用契約締結に際して、課長から有期雇用契約であることや更新の可能性およびその判断基準等、更新する場合でも通算5年を超えて更新することはないこと等の説明があり、Xは雇用契約書に署名捺印して契約書の交付を受けたほか、説明内容の確認票にも署名押印した。Y社は更新の都度、更新上限の記載のある契約書の締結をし、4回目の更新時には、所長が面談して、5

年上限を超えることになる平成30年6月29日を超えて更新することはない等の説明を行い、Xは、同日を超える更新はしない旨記載された雇用契約書および説明内容確認票に署名押印した。

　Y社は次回更新をせず雇止めとしたが、Xは5年上限条項は無期転換申込み回避を目的とするもので無効であり、労働契約法19条に照らして雇止めは許されないとして訴えを提起した。

判決のポイント

1　5年満了時の更新期待の有無

　本件においては、…更新に対する合理的期待が形成される以前である本件雇用契約締結当初から、更新上限があ

ることが明確に示され、Xもそれを認識
の上本件雇用契約を締結しており、その後も更新に係る条件には特段の変更もなく更新が重ねられ、4回目の更新時に、当初から…予定されたとおりに（次回）更新をしないものとされている。また、Xの業務が、…恒常的とまではいえないものであった。…他の有期雇用労働者はXとは（更新上限の有無につき）契約条件の異なる者らであった。その他、当該支店において不更新条項が約定どおりに運用されていない実情はうかがわれない。このような状況の下では雇用期間の満了までの間に、Xに更新に対する合理的な期待を生じさせる事情があったとは認め難い。

2　更新上限は自由な意思による合意か

　Xは、不更新条項等が無期転換申込権の事前放棄の効果を生ずることにつき雇用契約締結時に…説明されなかったことや、相当の熟慮期間が設けられなかったこと等を理由として、労働者が契約するかどうかの自由意思を阻害する…として、雇用継続に対する合理的期待の判断において考慮すべきではない旨主張する…。しかし、契約締結時に不更新条項が明示的に付されており、…労働者が契約するかどうかの自由意思

を阻害するような事情はない。労働条件の変更に対する労働者の同意の有無についての判断の方法につき判示した最二小判平28・2・19（山梨県民信用組合事件）の射程には入らない。

3　5年更新上限は違法か

　労働契約法18条は、有期契約の利用自体は許容しつつ、5年を超えたときに有期雇用契約を無期雇用契約へ移行させることで有期契約の濫用的利用を抑制し、もって労働者の雇用の安定を図る趣旨の規定である。このような趣旨に照らすと、使用者が5年を超えて労働者を雇用する意図がない場合に、当初から更新上限を定めることが直ちに違法に当たるものではない。5年到来の直前に、有期契約労働者を使用する経営理念を示さないまま、次期更新時で雇止めをするような、無期転換阻止のみを狙ったものとしかいい難い不自然な態様で行われる雇止めが行われた場合であれば格別、有期雇用の管理に関し、労働協約には至らずとも労使協議を経た一定の社内ルールを定めて、…契約締結当初より5年を超えないことを契約条件としている本件雇用契約について、労働契約法18条の潜脱に当たるとはいえない。

　本件雇用契約の満了時において、X

に雇用継続を期待する合理的理由はなく、本件雇用契約は期間満了日の経過をもって終了したものと認めるのが相当である。

応用と見直し

　以前から、雇止めトラブルの防止策として、あらかじめ更新上限を設定しておくという施策がみられた。3年上限、2年11カ月上限（自動車産業の例）などが多数派であったが、契約締結の当初から設定し、きちんと説明をし、更新のつど注意喚起し、例外なく運用していれば、上限を超える更新期待に合理性はなく、したがって上限に達した場合には「客観的合理的理由と社会的相当性」は不要で、上限に達したというだけで更新拒否が可能と考えられた。

　ここに平成24年改正で労働契約法18条に無期転換制度が新設されたことから、5年の更新上限の設定が増えたが、考え方・対応方法は、従前の3年上限等と同様となるはずである。しかるに、労働者側は、上限設定は無期転換逃れであり、労働契約法18条の趣旨に反する、あるいは公序良俗違反であるなどと主張し、法違反か否かの争点が追加されることになった。

　しかし、本判決の判示のとおり、無期

転換制度の趣旨は、5年を超えて雇用を続けるのであれば本人の申出により無期転換させるということであって、5年を超える雇用継続を義務付けたものではなく、5年未満の短期雇用が許されないとか、5年未満の雇用とするために相応の理由が必要という法制度ではない。

　ただし、更新をするなどして、雇用継続の合理的期待が生じてから、更新時に更新上限条項を追加しようとしても、上限付き更新に応じるか、これを拒否して直ちに雇用終了するか選択せよと迫るに等しく、同意しても自由意思による真実の合意とはいえない。本判決の引用する山梨県民信用組合事件最高裁判例の射程は、それ自体議論のあるところであるが、いずれにせよ更新時に更新条件の記載のある契約書に押印させても、特段の事情のない限り、雇用継続の合理的期待は失われない。

　以上、整理すると、更新上限を設定するのであれば、契約の当初から設定されていることが重要である。上限超えの前例や、上限超えもあり得るかのような言動は、期待を生じさせるので避けるべきである。更新期待がいつの間にか生じているということのないよう、更新のつど、注意喚起をして上限を周知徹底することが必要である。「5年」という上限年数について、無期転換逃れ、

法の潜脱などといった非難に根拠はない。本件では、労使協議を経て社内ルールとしたものである点を認定しているが、企業によって労使関係はさまざまなので、企業として有期雇用の役割・位置付けを検討し、方針を明確にしていれば問題はないという趣旨と考える。

MEMO

医師を1か月間有期雇用、契約更新1回でクビ

－医療法人社団悠翔会事件－（東京地判令3・3・31）

弁護士　岩本　充史　　　　　　　　　　　　　　［労判1256号63頁］

　1カ月の有期雇用契約を締結した非常勤医師が更新1回で雇止めされたため、地位確認を求めた。医師は当初、期間を定めない労働条件を提示されたが、眼をケガしたため非常勤として採用された。東京地裁は、契約締結に至る事情から更新期待には合理的理由があると認定。一方、更新の期待度は高いとはいえず、通院により勤務できないなど業務に支障を及ぼすことから雇止め有効とした。

更新期待度高いといえず、業務に支障あり雇止め有効

 事案の概要

　本件は、Yに雇用されていた医師であるXが、雇用契約上の権利を有する地位にあることの確認等を求めたものである。Xは、主位的に、雇用契約は期間の定めのないものであるから、Yが同雇用契約を終了させたことは解雇であり、同解雇は解雇権を濫用したものとして無効であると主張し、予備的に、雇用契約が有期雇用契約であるとしても、労働契約法19条により、同雇用契約は更新されていると主張した。

　Xは、平成28年3月1日から同年4月30日までの間、医師として、主に在宅訪問診療業務に従事した。Yの作成した本件内定同意書には、Xの署名押

印がなされている。労働条件は、①契約期間：平成28年3月1日から同月31日（1カ月単位で更新）、②雇用形態：非常勤医師、③勤務日：月・火・木・金の週4日半日勤務、④勤務時間：午前勤務、原則9〜13時、午後勤務、原則13〜18時、⑤給与：給与は半日勤務、1日当たり5万円（残業代込み）等が記載されていた。

　本件雇用契約書には、Xの署名押印およびYの記名押印がなされている。本件雇用契約書には、本件内定同意書に記載された労働条件と同様の内容が記載されている。

　Y理事長は、本件雇用契約書を取り交わす前である平成27年12月22日、Xに対し、期間の定めのない労働条件

を提示したが、平成28年1月8日、X
が負傷（左眼窩骨折、左網膜裂孔の傷害、
以下「本件受傷」）を負ったため、Xが
Y理事長に対し、非常勤として勤務し、
4月からの正式入職はその結果をみてあ
らためて相談させてほしい等と伝え、そ
の結果、本件内定同意書および本件雇
用契約書の取り交わしに至った。その後、
Yは、Xに本件雇用契約を更新するた
め4月分雇用契約書を郵送し、返送す
るよう依頼したが、Xは4月分雇用契
約書を返送しなかった。

　Yは4月30日、Xに対し本件雇用契
約を終了する旨の通知をした。

　本件の争点は、①本件雇用契約にお
ける期間の定めの有無等、②本件雇用
契約終了の有効性等であるが、②につ
いて紹介する。

 判決のポイント

❖ 労働契約法19条2号の適用の　肯否

　XとYは、Xが独立開業するまでの
間の雇用契約の締結に向けた交渉をし
ており、本件受傷後も、YはXが…勤
務することを望んでいたこと、XとYが
協議した結果、Xは、…週4日の半日
勤務とし、同年4月以降の勤務…は、

同年3月の勤務状況を踏まえて相談す
ることになり、本件雇用契約が締結され
たこと、本件内定同意書及び本件雇用
契約書には、「契約期間を1か月単位で
更新」との記載がある…。これらの事情
を考慮すると、Yは、本件受傷後も、X
が独立するまでの1年程度の間、Xの
症状を踏まえながら、本件雇用契約を1
か月単位で更新していくことを想定して
おり、Xもそのような認識であったとい
うことができるから、Xには、本件雇用
契約が更新されるものと期待すること
について合理的な理由があった…。

❖ 雇止めの有効性

　Xは、専門医、指導医等の資格を有
する医師として、半日勤務で日給5万
円という待遇で中途採用されており、高
い資質や能力が期待されていたこと、…
本件受傷後、Xには、病状悪化による
緊急受診や入院加療を理由に、訪問診
療に従事できなくなるおそれがあり、X
の症状を踏まえながら、1か月単位で契
約の更新を検討するものとされていたこ
と、実際に契約が更新されたのは1回
であることが認められる。これらの事情
を考慮すると、Xの本件雇用契約の更
新に対する合理的期待の程度は、高い
ものとはいえない。

　Xは、4月勤務表で勤務日とされた日

に、…通院を理由に勤務しなかったり、…通院後でなければ予定を立てることができないとの理由で、5月の勤務日を伝えなかったというのであるから、…Yや訪問先の施設の業務に支障を及ぼす不適切なものであった…。Xが、患者本人や家族からの希望聴取や十分な説明を行わないまま、治療方針を決定又は変更したことが原因で、…Yに対して相談や苦情が複数寄せられた…。…Xの患者等への対応は、Yの勤務医としては、評価することのできない対応であったといわざるを得ない。

Xの本件雇用契約の更新に対する合理的期待の程度が高いとはいえない中で、Xの勤務状況や患者等への対応に問題が見られ、契約更新手続に対しても非協力的であったことからすると、Yにおいて、これらの事情を考慮したうえで、本件雇用契約を更新しないと判断したことは、客観的に合理的な理由があり、社会通念上相当である…。

 応用と見直し

有期労働契約は、その期間が満了すれば、当然に終了する。もっとも、この原則に対する例外として、労契法19条各号列記部分に該当する場合には期間満了により当然に終了するものではな

い。同条各号は、有期労働契約の期間が満了した場合の例外を定めるものであるから、安易に認められてはならないと考える。労契法19条2号（解雇に関する法理の類推適用）に該当するか否かは、①これまでの当該雇用の臨時性・常用性、②更新の回数、③雇用の通算期間、④契約期間管理の状況、⑤雇用継続の期待を持たせる使用者の言動の有無などを総合考慮して、個々の事案ごとに判断されるものである。

本件は、更新が1回だけであること、雇用の通算期間は2カ月であることからすると、労契法19条2号の適用はないとの判断もあり得たと思われるが、本判決はこれを肯定した。確かにXとYは、Xが独立開業するまでの間の雇用契約の締結に向けた交渉を行っていたことを踏まえると、労契法19条2号の適用もあり得るとは思われるが、契約更新への合理的期待の有無は、最初の有期労働契約の締結時から雇止めされた有期労働契約の満了時までの間におけるあらゆる事情が総合的に勘案されるのであるから、更新回数や通算期間に加え、XのYでの勤務状況や契約更新手続きにおけるXの非協力的態度等を踏まえるとXに更新への合理的期待はないとの判断もなし得たのではないかと思われる（なお、本件の控訴審判決（東京高裁令

4・1・19）は、Xの勤務形態は非常勤医師であり基本的に常用性がないこと、更新回数は1回だけであること、雇用の通算期間も2ヶ月であること、YにおいてXに対し契約更新の具体的期待を抱かせる言動をしたことをうかがわせる事実がないこと等を理由として労働契約法19条の適用を否定し、Xの控訴を棄却した）。

裁判例では、労契法19条2号の適用を認めずに期間満了により労働契約が終了するとの判断をした事案でも、念のためか、本来判断が不要な雇止めの合理的な理由の判断を示すものも多い。

このようなことを踏まえると、雇止めを検討する使用者においては、雇止めの合理的な理由も整理しておくことが有用であろう。

MEMO

コマ数削減を拒否した予備校講師の雇止めは？

－学校法人河合塾事件－（東京地判令3・8・5）

弁護士　緒方　彰人　　　　　　　　　　　　　［労判 1250 号 13 頁］

　契約更新時に担当授業のコマ数の削減を提示された予備校講師が、従前と同じ条件で更新を求めたところ雇止めされたため、地位確認を求めた。東京地裁は、更新の合理的期待を判断するうえで、更新の概念は同一の条件による再締結を意味するものではないとした。評価をもとにコマ数を削減された講師が存在する中で、1 コマ減にとどめたことは合理的などとして雇止めを有効とした。

労働条件引き下げに合理性あり、雇止め有効と判断

 事案の概要

　被告は全国に 27 校の大学受験予備校を設置する学校法人である。原告は講師として、被告との間で期間 1 年間の出演契約を締結し、平成 6 年度〜28 年度まで、契約更新を繰り返していた（なお平成 21 年度以前は業務委託契約に基づく非常勤講師であった）。

　被告は、毎年 4 月を始期とする出演契約を各講師との間で締結するに際し、各科目の設置講座予定数、各講師の希望、講師評価制度（授業評価および授業以外の担当業務への寄与度などから総合評価）に基づく評価をもとに各講師の出演契約の更新の有無・コマ数・コマ単価等を決定し、その内容に異議がない講師との間で同年度の出演契約

を締結していた。

　平成 27 年度〜29 年度までの間、コマ数を 0 と提案され契約更新しなかった講師は、原告が所属するエリア内では最大 2 人であり、またコマ数減の提案をされた講師の減少コマ数の最大値は 3 コマであった。原被告間の出演契約においても、担当コマ数や基本賃金は、毎年、必ずしも同一ではなかった。

　平成 29 年度の出演契約について、被告は、原告に対し、原告が被告施設内にて無断で文書配布を行って懲戒処分を受けたこと、生徒からの授業アンケートの結果が芳しくなかったこと等を理由に、平成 28 年度よりも 2 コマ減の合計 6 コマとし月額基本給を約 26 万円（平成 28 年度は約 33 万円）とする提示を行ったところ（本件コマ数減提示）、原

告から従前と同じ労働条件による契約更新の申込みを受けたが（本件申込み）、被告が本件申込みを承諾できないと回答したため（本件回答）、平成29年度の出演契約は締結されなかった。

原告は雇止めは無効であると主張して訴訟提起した。

 判決のポイント

①労働契約法19条2号にいう「更新」は、当該労働者が締結していた当該有期労働契約と接続又は近接した時期に有期労働契約を再度締結することを意味する。

②本件出講契約の期間満了時において、授業アンケートの結果次第では平成28年度の担当コマ数である8コマからコマ数減の提示をされる可能性を前提としつつ、少なくとも講座を複数担当する内容の出講契約を…平成29年度においても締結し、本件出講契約を更新できると期待する限度で合理的な理由があ（り）…労契法19条2号に該当する。

③被告は、本件申込みに対し、…本件申込みとは異なる労働条件を付した本件コマ数減提示を改めて示し、原告からの新たな申込みを承諾することはできない旨回答し…更新申込みを拒絶した。

④使用者が従前とは異なる（通常は従前よりも低下した内容）労働条件を提示し、労働者が同条件に合意しないことを理由として使用者が更新を拒絶する場合がある。…雇止めに至った根本的な原因は、使用者が更新に際して従前と異なる労働者が承諾できない内容の労働条件を提示したことにあるから、労契法19条柱書後段の該当性は、使用者が提示した当該労働条件の客観的合理性及び社会的相当性を中心的に検討すべきである。

⑤本件コマ数減提示は、客観的合理性があり、社会的相当性を有する。…被告が原告の同一労働条件による本件出講契約更新の申込みを拒絶したことは、「客観的に合理的な理由を欠き、社会通念上相当であると認められない」場合に当たら（ず）…雇止めは有効である。

応用と見直し

①本件は、予備校講師について、必ずしも担当コマ数等が同一でない形態で更新が繰り返されていた場合の雇止めの当否が問題となったものである。

②労契法19条の「更新」とは有期労働契約の再締結のことを指すから（菅野和夫「労働法」）、必ずしも同一労働条件で更新されていなくても、同条1

号または2号に該当し得る。

③而して、本件と同様、大学受験予備校の講師について、更新の合理的期待を否定した裁判例（進学ゼミナール予備校事件＝大阪高判平2・11・15）もあるが、本件判旨は、原告は安定した契約形態を望み非常勤講師から労働契約に基づく講師職講師となったこと、被告予備校の規模は大きく、年度ごとに浪人数の変動により設置講座数の変動があり、各講師の担当コマ数にも変動はありつつも、担当コマ数が0とされ更新されなかった講師の数は少ないなどの更新実態などを踏まえ、「少なくとも講座を複数担当する出演契約」の限度で更新の合理的期待（労契法19条2号）を認めた。

④また本件のように従前の労働条件を変更した更新契約の締結を労働者が拒否した事案において使用者による更新拒絶（雇止め）に当たらない（契約不成立）とした裁判例（河合塾事件＝福岡高判平21・5・19）もあるが、承諾者が契約申込みに対し変更を加えた承諾をしたときは、その申込みの拒絶とともに新たな申込みをしたものとみなされるところ（民法528条）、本件判旨は、被告による本件コマ数減の提示に対する原告の本件申込みに対し被告が本件回答をしたという経過を踏まえ、被告に

よる更新拒絶（雇止め）があったとした。労契法19条の「更新の申込み」等は、要式行為ではなく、雇止めに対して何らかの反対の意思表示が示されれば良く、期間満了後であっても良いと緩やかに解されていること（平24・8・10基発0810第2号）、実質的に考えても、労働者に更新の合理的期待が認められる場合、更新期待を労働者が放棄したといった事情がない限り、期間満了による雇用終了の有効性は、雇止め法理に基づき判断することが相当であるということを踏まえたものと思われる（なおドコモ・サービス事件＝東京地判平22・3・30も同旨を述べて雇止め法理に基づき雇用終了の有効性を判断している）。

⑤本件では、被告による雇止めの有効性が問題となったが、雇止めに至った原因が、使用者が更新に際して従前と異なる、労働者が承諾できない内容の労働条件を提示したことにあることを踏まえ、その有効性は、使用者が提示した当該労働条件の客観的合理性および社会的相当性を中心的に検討すべきであるとした。いわゆる変更解約告知について、労働条件変更の手段として解約が行われているという特殊性を踏まえ、独自の規範を示して解雇の有効性を判断する裁判例（スカンジナビア航空事件＝東京地決平7・4・13）と、通常の解

雇法理で判断する裁判例（大阪労働衛生センター第一病院事件＝大阪地判平10・8・31）とに分かれているが、本件判旨は前者と親和性があるといえる。

MEMO

無期転換権行使した大学講師を期間満了雇止め

－学校法人茶屋四郎次郎記念学園事件－（東京地判令4・1・27）

弁護士　岡芹　健夫　　　　　　　　　　　　　　　［労判 1268 号 76 頁］

　有期契約の更新を繰り返して6年目に無期転換権を行使した大学講師が、期間満了で雇止めされたため地位確認を求めた。東京地裁は、無期転換権の行使に必要な5年の期間を10年に読み替える教員任期法の適用があると判示。無期転換は否定したが、職務は恒常的で、厳格さを欠く形で更新が繰り返されるなど更新には合理的期待が認められ、非違行為を理由とした雇止めを無効とした。

教員任期法により無期転換権なし、ただし雇止めは無効

 **事案の概要**

　Yは、T大学およびT大学院を設置・運営する学校法人である。

　XはYと、平成25年4月1日、契約期間を1年間、業務をT大学A学部講師とする有期労働契約を締結し、その後5回にわたって、T大学の講師または専任講師として有期労働契約を更新してきた者である（最後の有期労働契約を以下「本件労働契約」）。Xは、Yから研究室を貸与され、主に大学生に対し、経営福祉に関する授業を行うほか、T大学院の授業等を担当することもあった。

　Yは、Xに対し、平成30年12月13日、本件労働契約の契約期間の満了日である平成31年3月31日をもって契約終了とし、その後の労働契約の更新を行わないことを告げ、平成30年12月20日付「契約期間満了通知書」を大学内のXのポストに投函した（以下「本件雇止め」）。その後、Yは、本件雇止めの理由につき、Xが、㋐懲戒処分としてけん責処分を受けていること、㋑厳重注意を受けていること、㋒勤務態度が不良であること、㋓その他T大学の教員としてふさわしくない言動があったことである旨を記載した同年12月25日付「事由書」を交付した。

　XはYに対し、遅くとも平成31年1月21日までに、同年4月以降の雇用の継続を求め、同年4月1日を始期とする期間の定めのない労働契約の締結の

申込み（以下、「本件無期転換申込み」）をした。

Xは、主位的に、労働契約法18条1項に基づいて期間の定めのない労働契約が締結されたものとみなされること、予備的に、上記有期労働契約が更新されるものと期待することについて合理的な理由があり、本件雇止めは客観的に合理的な理由を欠き、社会通念上相当であるとはいえず、同法19条により、同一の労働条件で有期労働契約が更新されたものとみなされることを主張し、労働契約上の権利を有する地位にあることの確認等を求めて、Yを提訴した。

 判決のポイント

教員任期法は、2条2号において「教員」を「大学の教授、准教授、助教、講師及び助手をいう」と定義し…、7条において、…労契法18条1項の規定の適用については、同項中「5年」とあるのを「10年」とする旨…の特例を定めている。Xは、T大学の専任講師であるから、…教員任期法7条が適用される（…Xも争っていない）。…本件無期転換申込みの時点でXとYの間の有期労働契約の通算契約期間は10年に満たないから、Yが本件無期転換申込みを承諾したものとみなされることはない。

Xの…職務は恒常的なものであったこと…、X及びYは、本件労働契約の締結時を含めて各更新の都度、有期労働契約が更新され得ることを前提としていた…こと…、雇用契約書記載の条項よりも手続的な厳格さを欠く態様による更新が繰り返されていたことが認められる。以上の事情に照らすと、Xにおいて本件労働契約が更新されるものと期待することについて合理的な理由があったものと認められ…、本件労働契約は、労契法19条2号に該当する。

Xは、…Yの職員と…口論となり、…ごみ箱を蹴りつけ…合理的な理由なく一方的に感情を高ぶらせて及んだ暴力的行為に対してけん責処分を受けたこと（理由㋐）、留学生に対する不適切な発言に対して厳重注意を受けたこと（理由㋑）、T大学のオリエンテーションに複数回遅刻し、事前に欠席届を提出せず平成29年度及び平成30年度のカリキュラム編成専門部会を複数回欠席したこと（理由㋒）、研究室の整理整頓を怠り、女性職員に対してセクシュアルハラスメントを行い、学生のいるカフェテリア内で大声で叫んだことがあること（理由㋓）が認められ…る。理由㋐㋓について、Yは、…これらの出来事を把握していながら、Xを雇止めすることなく、平成29年3月31日付有期労働契約を

更新することとし、Xとの間で本件労働契約を締結したものと認められる。

理由⑦について、軽微なもので懲戒処分を必要としないと判断したからこそ、厳重注意をするにとどめたものと認められる。理由⑨も、具体的支障が生じたことの主張立証もない。

本件雇止めは、客観的に合理的な理由を欠き、社会通念上相当であるとは認められない。Yは、…同一の労働条件でXの有期労働契約の更新の申込みを承諾したものとみなされる。

 応用と見直し

労契法18条は、有期労働契約が5年を超えて締結された場合に、労働者側から無期転換権を行使できる旨規定しているが、例外として、上記の「5年」を「10年」に引き直すとしているのが、大学の教員等の任期に関する法律4条と科学技術・イノベーション創出の活性化に関する法律15条である。本件と同じく教員任期法が問題となった事案としては、学校法人羽衣学園事件（大阪地判令4・1・31）があり、X同様に講師であった原告につき、講師は「教授」または「准教授」に準ずる職務に従事する職である旨位置付けられており（学校教育法92条）、多様な人材の確保がと

くに求められるべき教育研究組織の職たり得るものであること等を説示し、同法の適用を認めている。一方、学校法人専修大学（無期転換）事件（東京地判令3・12・16）は、（Xとは異なる）非常勤講師につき、科技・イノベーション法15条の想定する研究者とは、大学等において業務として研究開発を行っている者であることを要すると解すべきであり、当該事件の原告は、学部生に対する初級から中級までの外国語の授業、試験およびこれらの関連業務にのみ従事しており研究者に該当しないとして、同法の適用を否定している。

なお、本件雇止めが無効とされたのは、Xの複数の問題行動について、それが行われた有期労働契約の期間において、Yが時期に合った行動（雇止めや契約更新における警告等）をとらなかったことが直接的な原因となったものと思われる。Xの問題行動が認定されたとおりだったとしたら、その数および内容、さらには昨今の雇止めの法理の厳格さ（必ずしも簡単に認められるものではない）からしてYとしても容易には雇止めには踏み切れなかったであろうこと等を勘案すると、本件判決の判断はYにいささか酷とは思われるが、有期契約労働者の労務管理（問題行為が生じた場合には、それが生じた契約期間にお

いて何らかの措置をしておくこと）の在
り方という観点からすると、本件判決の
説示は形式論理としては適正といわざ
るを得ず、実務としても重々留意すべき
である。

MEMO

更新1回で雇止めされた看護師が地位確認請求

－学校法人沖縄科学技術大学院大学学園事件－ （那覇地判令4・3・23）

弁護士　渡部　邦昭　　　　　　　　　　　　　　　　　　　［労経速2486号3頁］

　更新1回で雇止めされた看護師が、地位確認等を求めた。期間途中に診療所が閉鎖され、再開しても業務縮小が見込まれたため雇止めに至ったもの。那覇地裁は、看護師業務は常用性を有するが、診療所の運営状況が縮小方向に変化したことは雇用継続しない合理的な理由と判断。更新は使用者の申入れに対して本人の承諾が必要で、相応に契約を管理していた点等も考慮して請求を棄却した。

常用性を有するが業務縮小には合理的理由あり雇止め有効

 事案の概要

　A学園は、診療所や保健センター等を設立・運営する学校法人である。看護師の資格を有している労働者甲は、平成28年11月1日～30年10月31日までを有期雇用期間として採用され、診療所で看護師業務に従事した。

　雇用契約書には「本契約は、契約期間満了時の業務量およびA学園の財務状況、その他を判断し、甲に対して契約更新を提示し、甲の承諾を以って、更新が成立する」旨定められており、労働条件通知書には、「契約更新の可能性：あり」との記載がある。

　診療所は平成29年7月末、唯一の医師が退職したため休診となった。休診後、甲は保健センターにおける患者対応業務に従事した。

　A学園と甲は、平成30年11月1日、契約更新手続を経たうえで、同月1日から平成31年3月31日までを雇用期間とする本件雇用契約を更新した。

　A学園は、平成31年4月頃に診療所を正式再開する予定であったが、再開は延期された。また、再開しても開院時期の短縮が見込まれたことから、短縮に伴う業務縮小を理由に、同年3月31日の雇用期間満了をもって、甲と雇用契約を更新しなかった（本件雇止め）。

　甲はA学園に対し、労働契約法19条2号に定める雇止め法理の適用があることを前提に、本件雇止めは客観的合理的な理由を欠き、社会通念上相当

であるとは認められない等と主張して労働契約上の地位確認等を求めて提訴した。

本件の争点である、甲の本件労働契約の平成31年3月31日時点での期間満了時点において更新が期待されることについて合理的な理由（労働契約法19条2号）が認められるか、であるが、本判決はおよそ以下のように判示して、労働契約法19条2号の適用を否定し、甲の請求を斥けた。

 判決のポイント

(1)労働契約法19条2号所定の契約更新の期待に対する合理的理由の有無は、雇用の臨時性や常用性等の当該有期契約労働者が従事する業務の内容及び性質、有期労働契約が更新された回数や雇用の通算期間等を含む当該有期労働契約の契約更新に関する具体的経緯、契約書作成の有無や更新の際における契約内容の確認等の使用者による契約管理の状況、同種の有期契約労働者における契約更新の状況、雇用継続の期待をもたせる使用者の言動の有無等の事情を総合考慮して、判断すべきものと解される。

(2)A学園は、…国費による補助を受けていることに鑑み、…人件費も給与水準を適正妥当なものとするよう検証すべきとするとともに、常勤職員の抑制に努めるなどとしていることが認められ、その結果、…原則として任期制職員が採用されている…。このことはA学園の財源が国費による補助金に依存していることに伴う人事上の制約に基づくものとして、やむを得ない側面があるものといえる。

また、本件労働契約が看護師としての一定の経験を有する者という特定のスキルの所持者を対象とするものであり、その賃金が年俸450万円（月額37万5000円※昇給前）であって、甲の経験・スキルに相応する高額…といえることからすると、本件労働契約は、その業務が常用性を有する…としても、A学園が雇用形態として有期雇用を選択したことに合理性を欠くとはいえない。

(3)診療所は、平成29年7月末日付けで医師不在のために閉院となり、その後、令和元年6月3日には再開したものの、再開後は予約制とされ、開院時間についても、…週16時間であったものが週10時間に変更された。…甲は…診療所の職員として雇用されたものであるから、雇用開始後に…運営状況が縮小方向に変化したことは、甲の雇用を継続しないことの合理的な理由となり得るものといえる。

⑷本件雇用契約においては1回更新がされたのみであり、かつその労働期間も全体として2年5か月にとどまり、更新後の期間はわずか5か月…であるから、多数回にわたる更新や長期間の雇用継続があったとはいえず、更新回数・通算期間の観点からは、甲において本件労働契約の更新に対する合理的な期待が生ずるものとはいえない。

⑸上記の諸点を総合すると、本件労働契約に係る雇用は常用性を有するものとはいえるものの、有期雇用契約とされたことについて合理的な根拠があり、また、雇用契約や業務内容の性質から当然に更新されることが前提となっているものとはいえず、さらに本件労働契約の更新回数や通算期間、本件労働契約に係る定め、A学園側の説明等に照らしても、甲に契約更新について合理的期待を生じさせるものとはいえない。

 応用と見直し

労働契約法19条は、有期の雇用契約の反復更新の下で生じる雇止めに対する不安を解消ないし緩和する目的で制定されたものである。

労働契約法19条2号は、「当該労働者において、当該有期労働契約の契約期間の満了時に当該有期労働契約が更新されるものに期待することについて合理的な理由があるものと認められる」と「使用者は従前の有期労働契約の内容である労働条件と同一の労働条件で、当該申込みを承諾したものとみなす」とされ、更新拒否は解雇権濫用法理（労働契約法16条）により無効とされる。

多様な有期労働契約の更新拒否について、合理的理由の存否につき、裁判所は前記2⑴において示された基準をもって個別に判定している。多様な裁判例より以下のように4つに類型化されている。即ち、①契約期間満了によって当然に契約関係が終了する「純粋有期契約類型」、②期間の定めのない契約と実質的に異ならない状態に至っていると認められる「実質無期契約類型」、③相当程度の反復更新の実態から、雇用継続への合理的な期待が認められる「期待保護（反復更新）類型」、④格別の意思表示や特段の支障がない限り当然に更新されることを前提に契約を締結したものと認められる「期待保護（継続特約）類型」である（菅野和夫「労働法」）。

上記のうち①の類型では、解雇権濫用法理（労働契約法16条）の類推適用が否定され、期間満了により労働契約は終了するが、②～④の類型では、更新拒否につき当該有期契約の事案に即した合理的理由の存否が判断されるこ

とになる。本事案では、常用型の有期労働契約であってもその他の要素ないし事情（更新の回数、更新の具体的経緯、更新の際の契約書の作成の有無と契約内容の確認の有無、契約管理の状況、更新期待への使用者の言動の有無等）を総合的に考慮して雇用継続への合理的期待は法的な保護により達するまでには高められてはいないとされたものである。労務管理するうえで留意すべきである。

MEMO

書類提出に非協力的で協調性欠くとけん責は？

―テトラ・コミュニケーションズ事件―（東京地判令3・9・7）

弁護士 中町 誠 　　　　　　　　　［労経速 2464 号 31 頁］

> けん責処分は違法無効として、従業員が会社に損害賠償等を求めた。処分の理由は、DC 移行に必要な書類の提出を求めた会社に対し、脅迫的な言動をしたことだった。東京地裁は、就業規則等に規定がなくても弁明の機会を与えるべきと判断。懲戒事由の「非協力的で協調性を欠く」か否かは、経緯や背景も確認する必要があるとした。手続的相当性を欠き処分無効で、慰謝料 10 万円を命じた。

手続規定なくても弁明の機会与えるべきとし懲戒無効

 事案の概要

　本件は、被告に雇用される労働者であった原告が、被告から違法無効な懲戒処分（けん責処分）を受けたことによって損害を被ったと主張して、被告に対し、民法 709 条または会社法 350 条に基づく損害賠償等を求める事案である。

　処分理由は、原告が、被告のアドミニストレーショングループの担当者であるCから、被告の企業年金の確定拠出年金への移行（以下「DC 移行」）に係る必要書類の提出を求められ、Cに対し、関連資料の送付を求めたうえ、「この件で、私が不利益を被ることがありましたら、訴訟しますことをお伝えします」とのメッセージを送信した行為が、「訴訟」

という単語による脅迫および非協力的な態度として懲戒事由に該当するとされたものである。

 判決のポイント

　(1)懲戒処分に当たっては、就業規則等に手続的な規定がなくとも格別の支障がない限り当該労働者に弁明の機会を与えるべきであり、重要な手続違反があるなど手続的相当性を欠く懲戒処分は、社会通念上相当なものといえず、懲戒権を濫用したものとして無効になるものと解する…。

　(2)本件けん責処分は、原告に弁明の機会を付与することなくなされたものである。原告がCに対して本件メッセー

ジを送信したこと自体は動かし難い事実であるし、証拠によれば、原告が度々抗議に際して訴訟提起の可能性に言及するなどして被告、その代表者及び従業員に対する敵対的な態度を示していたことが認められ、これが抗議の方法として相当といえるか疑問の余地もある。しかしながら、それが脅迫に当たるか、DC移行に係る必要書類の提出を拒むなどした原告の態度が、懲戒処分を相当とする程度に業務に非協力的で協調性を欠くものといえるかについては、経緯や背景を含め、本件メッセージの送信についての原告の言い分を聴いたうえで判断すべきものといえる。そうすると、原告に弁明の機会を付与しなかったことは些細な手続的瑕疵にとどまるものともいい難いから、本件けん責処分は手続的相当性を欠くものというべきである。

(3)したがって、本件けん責処分は、懲戒権を濫用したものとして無効と認められる（精神的慰謝料10万円及び弁護士費用1万円を認容)。

 応用と見直し

本件の争点は懲戒処分において本人の弁明の機会を欠くことがその効力に影響を与えるか否かである。

就業規則や労働協約に弁明の機会を付与することが定められている場合は、その手続きの欠如は特段の事情がない限りその処分を違法とすることはほぼ争いがない。問題は本件のようにそのような規定が存しない場合に弁明の機会を与えない懲戒処分の効力がどうなるかである。

学説はこぞって弁明の機会が与えられない懲戒処分は無効と解している。

一方裁判例をみると、従来は多くの裁判例が弁明の機会の有無は懲戒処分の効力に影響を与えないとの立場を採っていた。

本判決はこれまでの裁判例の傾向と異なり、弁明の機会の付与の欠如を重大な手続き的瑕疵とみて、当該けん責処分を無効とした点で注目に値する。なお、東京地判（令3・3・26）も「就業規則の定めがなくても、懲戒処分が社会通念上相当といえるためには、特段の支障のない限り、処分の対象となる労働者に弁明の機会が与えられるべきである」としており、弁明の機会必要説が裁判例としても台頭しつつある。このように弁明の機会の欠如が懲戒の効力に影響する以上、使用者としては弁明の機会の付与は、本人がその機会を放棄したなどの特段の事情がない限り（その例として大阪地判令3・11・29）必須と心得るべきであろう。

社員が企業外非行によって現行犯逮捕された場合などに、会社の信用にかかわるとして拙速に懲戒解雇に処する事例が散見される。この場合に（会社関係者が接見する等して）本人に弁明の機会を与える手続きをしないまま処分したとすれば、本判決の見解によればいくら重大な非違行為（犯罪行為）だとしても当該懲戒解雇が無効になる可能性がある。

では、弁明の機会付与の懈怠で当該処分が無効とされ、判決が確定した場合に、当該手続きを履践しての再度の懲戒処分は可能であろうか。この点について、一時不再理の法理類推あるいは二重処分の禁止の点から不可能との見解が一応あり得る。しかし、公務員の不利益処分について仙台高判（平27・6・19）は「一事不再理は、同一の刑事事件について、確定した判決がある場合には、その事件について再度の実体審理をすることは許さないとする原則をいうものであって、上記原則は、憲法39条に由来する刑事訴訟手続法上の原則であり、狭義の刑事処分以外の行政処分に適用することはできないと解する…。二重処分禁止の原則違反を主張するものだとしても、処分行政庁は前回の退職手当支給制限処分が取り消され、効力が失われた後に、本件退職手当支給制限処分を行ったものであり、同一事実について二重の不利益を課したものではないから、二重処分禁止の原則には反しない。なお、同一事情の下で同一理由に基づいた不利益処分とその取消しが不当に繰り返された結果、被処分者の地位が長期間不安定な状態に置かれたような場合には、処分権の濫用であるとして処分が違法となることはあり得る」とする。この判旨に従うと、当初の懲戒処分を撤回したのち（あるいは無効が確定したのち）、弁明の機会を付与したうえ、その結果を踏まえて再度処分することも（濫用的な事情がない限り）可能との結論になりそうである。しかし、まだ実務的には未確定な問題といって良い。

本人の事情聴取あるいは弁明の機会に際して、本人の弁護士同席を求められることがある。しかし、弁護士の同席や立合いは被処分者の憲法上、あるいは法律上の当然の権利とはいえず、これを認めるか否かは使用者側の裁量と解される（東京地判平21・3・6、大阪地判平24・2・6など）。したがって、弁護士の同席を認めないことを理由に本人が弁明を拒否すれば弁明の機会を放棄したと評価されることになる。

使用者としては、弁護士の立合いは拒否しつつ、弁護士見解は別途書面と

しては受け取る（あるいは使用者側から これを求める）等の折衷的な対応は十 分あり得よう。なぜなら本人の弁護士の 見解は当該処分に瑕疵がないか点検す るための重要な材料となり得るからであ る。

MEMO

友人が飲酒運転する車両へ部下同乗、本部長の管理監督責任

－みよし広域連合事件－（徳島地判令3・9・15）

弁護士　石井　妙子　　　　　　　　　　　　　　　　［労判1261号87頁］

友人と飲酒後、友人が運転する車に同乗した職員を懲戒免職としたうえ、消防長を監督不行届で戒告処分した事案。戒告処分の無効を求めた訴訟で徳島地裁は、消防長は飲酒運転の注意喚起を行っており、管理監督義務の懈怠を否定。私生活上の非行に及ぶ蓋然性が高いといった事情は認識できないとした。部下への指導監督は直属の長である消防署の署長らに委ねざるを得ないとしている。

部下の不祥事に対する監督不行届での上司の懲戒無効

 事案の概要

Xは、Y広域連合消防本部（以下「Y消防本部」）の消防長の職にあった者であるが、平成30年に2カ月、病気休暇を取得し、その間、Y消防本部においては、消防本部次長を職務代理者と定めていた。

Xの病気休暇中、Y消防本部およびA消防署を兼務する訴外職員Pは、友人と飲酒後、友人が飲酒運転をする自動車に同乗していたところ、当該友人がひき逃げ死亡事故を起こし、本件事件につき、Pは懲戒免職、Xは、管理・監督者として日頃の監督不行届であるとして戒告、その他、次長、消防総務課長も戒告の懲戒処分に処せられた。

また、定期昇給について、55歳を超える者については、2号給昇給となるのが原則であるところ、Xは、本件処分を理由に原則より1号給低く、また2カ月間の病気休暇があったことを理由に、さらに1号給低く評価されたため、昇給は行われなかった。

Xは、本件処分の取消しを求めるとともに、本件処分のため本来行われるべき定期昇給がなされず、定期昇給分の給与の支払いがなされていないとして、未払分等を請求して提訴した。

判決のポイント

1 病気休暇中の責任

　本件事件発生時、Xは、病気休暇取得中であり、部下職員に対する指導監督を行うことは期待できず、…管理監督義務の懈怠があったと認めることはできない。

2 休暇取得前の責任

　病気休暇取得前…の期間については、Xは、…消防長の地位にあり、…部下職員に対する管理監督をすべき義務を負っていたというべきである。…その管理監督の範囲としては、当該公務員の職務自体に関する事項にとどまらず、私生活上の行為に関し、公務に対する信用及び信頼を損なわないように指導監督することまで及ぶものと解される。

　Xが、…80名を超える部下職員に対して、直接かつ個別に管理監督を行うことが困難であることは明らかであるから、個々の職員に対する個別具体的な管理監督は、特段の事情がない限り、Xの部下であり、各職員の所属長である各消防署の署長らに委ねざるを得ない。そして、…（以前）飲酒に絡む暴行事件が発生した際や、毎月の署長・課長会議等において、所属長らに対し、X

は、公務員倫理意識の涵養や社会人としての自覚の徹底、飲酒運転防止についての部下職員への指導を指示したり、年末には、職員らに対し、飲酒運転や飲酒運転車両への同乗の禁止について注意喚起を行うなどしていたと認められ…、Xには、消防長に求められる部下職員に対する管理監督義務の懈怠があったとまではいえない。

3 Xの認識

　Xが、病気休暇取得前の時期において、Pが飲酒運転や飲酒運転車両への同乗など私生活上の非行に及ぶ蓋然性が高いというべき事情を認識していたなど特段の事情があれば、…直接、個別具体的な注意を与えるなど、より高度の管理監督義務を尽くすべきであったと解する余地もあるが、…Pの勤務態度に大きな問題はみられず、…飲酒運転車両への同乗といった私生活上の非行に及ぶ蓋然性が高いというべき事情を認識していたとはいえないし、その認識をする契機があったともいえない。…（よって）直接、個別具体的に飲酒運転の危険性等について注意を与えるなど具体的監督権限を行使すべきであったともいえない。

4　日頃の監督について

　Y消防本部は、…①職員らにアルコールチェッカーの使用を義務付けたりしなかった、②飲酒の影響があると疑われる勤務についての職場での報告体制を確立しなかった、③飲酒運転防止に向けた行動指針を示すなどより職員に響くような管理監督を施してこなかったと主張する。

　しかし、（それらの対応は）勤務時間外に飲酒運転車両に同乗するという…不祥事の防止に直接関連するとは認められず、これらを行わなかったことが、…管理監督義務の懈怠であるとはいえない。

5　結論

　Xに管理監督義務の懈怠を認めることはできず、…本件処分は違法であって取消しを免れない。Xは、…本来支払われるべき賃金の額と現に支払われた賃金の額との差額を請求することができる…。

応用と見直し

　部下が不祥事を起こした場合、上司も、当然のように監督不行届きとして処分されている例が見受けられる。しかし、

上司に対する懲戒処分にも労契法15条（懲戒権濫用法理）の適用はあるから、何ら落ち度、過失のない場合や、結果回避の可能性がない（防止しようがない）場合は、懲戒処分はできないというべきである。

　もっとも、業務上の不正行為や職場秩序違反については、一般的には、上司として何らかの過失があると思われるので、結果的に、原則として上司責任が問われるという運用になるのも首肯し得る。ただ、それでも、過失の有無、程度、影響の大小等はきちんと検証すべきである。たとえば、システムやマニュアルに穴があって、不正を防止できなかったような場合、直属の上司のみに監督責任を負わせるのは不合理である。一方、重大な過失があれば重い処分もあり得る。営業所長が在任中、部下の横領行為を容易に知り得る立場にありながら被害防止を怠ったことについて、具体的事情から重過失の程度はほとんど故意に近いと認定し、懲戒解雇を有効とした例もある（大阪地判平10・3・23）。

　次に、本件の判示では、私生活上の行為であっても、上司が監督責任を負うことがあるとしているが、問題行動の性質・内容によっては上司として、日頃の注意喚起や指導等の方策がないことも多く、管理責任を問うことができない

場合も多いと思われる。本件では、組織を上げて撲滅に取り組んでいる飲酒運転にかかわる事案であったことで、私生活上の行為とはいえ監督責任が問題とされやすいものだったといえよう。それでも、裁判所は、具体的に何をすべきだったかという点について、部下の懲戒事由該当行為（飲酒運転に同乗）との関連性も吟味して慎重に判定している。法的紛争になれば、やはり、安易に上司の監督責任が認められるようなことにはならない。

上司の監督責任については、管理職としては不満はあってもあえて争わず、甘受することもあろう。しかし、原因や防止策を検証することなく、漫然と上司を処分していたのでは、再発防止にもつながらない。何をすれば良かったのか、どこに問題があったのかきちんと検討することが必要である。

MEMO

暴行した被害者へ「口封じ」、さらに懲戒処分は

－氷見市消防職員事件－ （最三小判令4・6・14）

弁護士　中町　誠　　　　　　　　　　　　　　　　　　　　　　　[最高裁WEB]

> 上司や部下への暴行・暴言で停職2カ月の懲戒処分を受けた地方公務員が、停職中に被害者らに対し、不利益な発言をしないよう口封じを図ったことに対する「6カ月の停職処分」の量定を争った。処分を重すぎるとした原審に対し、最高裁は、懲戒の種類、停職期間を懲戒権の裁量の範囲内と判示。部下らに報復を示唆して威迫したと評価して、非難の程度が相当高いとしている。

報復示唆して威迫、6カ月停職は裁量の範囲内

 ### 事案の概要

普通地方公共団体である上告人の消防職員であった被上告人は、任命権者であった氷見市消防長から、上司および部下に対する暴行等を理由とする停職2月の懲戒処分（以下「第1処分」という）を受け、さらに、その停職期間中に正当な理由なく上記暴行の被害者である部下に対して面会を求めたこと等を理由とする停職6月の懲戒処分（以下「第2処分」という）を受けた。本件は、被上告人が、上告人を相手に、第1処分および第2処分の各取消しを求めるとともに、国家賠償法1条1項に基づく損害賠償を求めた事案である。

 ### 判決のポイント

1　公務員に対する懲戒処分について、懲戒権者は、諸般の事情を考慮して、懲戒処分をするか否か、また、懲戒処分をする場合にいかなる処分を選択するかを決定する裁量権を有しており、その判断は、それが社会観念上著しく妥当を欠いて裁量権の範囲を逸脱し、又はこれを濫用したと認められる場合に、違法となるものと解される。

2　被上告人によるHへの働き掛けは、被上告人がそれまで上司及び部下に対する暴行及び暴言を繰り返していたことを背景として、同僚であるHの弱みを指摘したうえで、第1処分に係る調査に当たって同人が被

上告人に不利益となる行動をとっていたならば何らかの報復があることを示唆することにより、Hを不安に陥れ、又は困惑させるものと評価することができる。

3　また、被上告人によるCへの働き掛けは、同人が部下であり暴行の被害者の立場にあったこと等を背景として、同人の弱みを指摘するなどしたうえで、第1処分に対する審査請求手続を被上告人にとって有利に進めることを目的として面会を求め、これを断ったCに対し、告訴をするなどの報復があることを示唆することにより、同人を威迫するとともに、同人を不安に陥れ、又は困惑させるものと評価することができる。

4　そうすると、上記各働き掛けは、いずれも、懲戒の制度の適正な運用を妨げ、審査請求手続の公正を害する行為というほかなく、全体の奉仕者たるにふさわしくない非行に明らかに該当することはもとより、その非難の程度が相当に高いと評価することが不合理であるとはいえない。また、上記各働き掛けは、上司及び部下に対する暴行等を背景としたものとして、第1処分の対象となった非違行為と同質性があるということができる。加えて、上記各働き掛け

が第1処分の停職期間中にされたものであり、被上告人が上記非違行為について何ら反省していないことがうかがわれることにも照らせば、被上告人が業務に復帰した後に、上記非違行為と同種の行為が反復される危険性があると評価することも不合理であるとはいえない。以上の事情を総合考慮すると、停職6月という第2処分の量定をした消防長の判断は、懲戒の種類についてはもとより、停職期間の長さについても社会観念上著しく妥当を欠くものであるとはいえず、懲戒権者に与えられた裁量権の範囲を逸脱し、又はこれを濫用したものということはできない。（第2処分を重すぎるとして違法とする原審を破棄）

 応用と見直し

　本件は、原審が停職処分6月の処分を重いとして取り消した判断部分について、最高裁が任命権者に裁量権を逸脱した違法はないとして、破棄した事案である。

　原審（名古屋高裁金沢支判令3・2・24）は第2処分の対象となる非違行為は、反社会的な違法行為とまで評価することが困難なものであるうえ、第1処

分に対する審査請求手続きのためのものであって第1処分の対象となった非違行為である暴行等とは異なる面があり、同種の行為が反復される危険性等を過度に重視することは相当ではない等としていた。第1処分の審査請求に関連する一連の非違行為について、原審が通常の暴力とは異なるとしてやや軽く評価したのに対して、最高裁は、当該行為は懲戒の制度の適正な運用を妨げ審査請求の公正を害する行為でありかつ第1処分の停職中の行為であり反省が欠けていること等、逆に悪質性が相当高いと評価したものである。

最高裁が本件と同様、停職処分（あるいは民間の出勤停止）に関して原審が重すぎるとした判断を破棄するケースが散見される。

海遊館事件（最一小判平27・2・26）は職場における性的な内容の発言等によるセクシュアル・ハラスメント等を理由としてされた懲戒処分（出勤停止10ないし30日）について懲戒権を濫用したものとはいえず有効であるとして原審を破棄した。被害者が内心でこれに著しい不快感や嫌悪感等を抱きながらも、職場の人間関係の悪化等を懸念して、加害者に対する抗議や抵抗ないし会社に対する被害の申告を差し控えたりちゅうちょしたりすることが少な

くないと考えられるから、拒否の姿勢を見せなかったことをもって加害者らに有利にしんしゃくすることはできないとするなどセクハラに関する重要な示唆に富む判決である。加古川市事件（最三小判平30・11・6）は、地方公共団体の男性職員が勤務時間中に訪れた店舗の女性従業員にわいせつな行為等をしたことを理由とする停職6月の懲戒処分が重すぎるとした原審の判断を破棄した。いわゆるカスタマーハラスメントの事件であるが、最高裁は、当該行為が客と店員の関係にあって拒絶が困難であることに乗じて行われた厳しく非難されるべき行為であって、公務一般に対する住民の信頼を大きく損なうものとした。

兵庫県事件（最一小判令2・7・6）は、市立中学校の柔道部の顧問である教諭が部員間のいじめにより受傷した被害生徒に対し受診に際して医師に自招事故による旨の虚偽の説明をするよう指示したこと等を理由とする停職6月の懲戒処分を違法とした原審の判断を破棄した。この事件では、最高裁は当該行為がいじめ防止対策推進法や兵庫県いじめ防止基本方針等に反する重大な非違行為であるとしている。

いずれも、個別事象に関する事例判決であるが、結論の相違は最高裁が判

旨1（民間は労契法15条参照）のとおり懲戒権者の裁量権（効果裁量）を大幅に尊重していることと関連があろう。

MEMO

出張旅費100回も不正受給、懲戒解雇は有効!?

－日本郵便（地位確認等請求）事件－（札幌高判令3・11・17）

弁護士　牛嶋　勉　　　　　　　　　　　　　[労経速2475号3頁]

> 出張先への移動手段を偽り、100回にわたり旅費を不正受給したなどとして懲戒解雇した事案の控訴審。処分有効とした原審に対し、札幌高裁は、非違行為の態様は停職3カ月とされた者と同程度であり、処分の均衡を失するとして無効と判断。不正受給で10人が懲戒処分され旅費支給事務にずさんな面があり、本人に懲戒歴がなく始末書を出し全額返還したことも酌むべきとした。

同種事案の処分と均衡欠く、全額返還済みで懲戒解雇無効

 事案の概要

被控訴人会社は、懲戒委員会の意見を聴取したうえ、平成30年3月、控訴人が懲戒事由に該当するとして、控訴人を懲戒解雇した。被控訴人が指摘した懲戒該当行為は、平成27年6月～翌年12月までの間、宿泊料等を偽った旅費請求書等を作成し、100回にわたり会社に支出させ、旅費合計194万9014円を振り込ませ、52万円余を不正に受給したほか、クオカード代2万円余を不正に受給したことである。

控訴人は、懲戒事由が認められず、そうでないとしても客観的合理的理由を欠き、社会通念上の相当性を欠くから無効であるなどと主張して、雇用契約上の地位確認等を求めた。

一審（札幌地判令2・1・23）は、懲戒解雇は有効であるとして請求を棄却し、原告が控訴した。本控訴審判決に対して、上告および上告受理申立てがされたが、棄却ないし不受理とされた（最一小決令4・6・23）。

 判決のポイント

控訴人は、実際には社用車で出張先に赴きながら、出張後に公共交通機関の利用料相当額の旅費の支給を受けたほか、私的に利用するためのクオカード分が上乗せされた宿泊費を請求して実費を上回る宿泊費の精算を受けたものであると認められる。そうすると、控訴

人による旅費の不正受給は、…就業規則…の懲戒事由に該当する。

被控訴人は、旅費の不正受給をした10名の営業インストラクター（本件服務規律違反者ら）に対し、停職や減給の懲戒処分…をした。

控訴人と本件服務規律違反者らのうち最も重い処分である停職3か月を受けた者とを比較すると、不正請求の期間は控訴人が約1年6か月、本件服務規律違反者が約3年6か月、不正請求の回数は控訴人が100回、本件服務規律違反者が247回、非違行為による旅費の額は控訴人が194万…円、本件服務規律違反者が41万…円、正当な旅費との差額は控訴人が54万…円、本件服務規律違反者が27万…円であり、…控訴人の方が非違行為による旅費の額や正当な旅費との差額は大きいが、不正請求に及んでいた期間や回数はむしろ少ない。…本件非違行為の態様等は、本件服務規律違反者らの中で最も重い停職3か月の懲戒処分を受けた者と概ね同程度…である。

本件非違行為は、控訴人が、100回という非常に多数回にわたり、旅費の不正請求を繰り返したというもので、その不正受給額…も合計約54万円にのぼっている上、控訴人が広域インストラクターという営業インストラクターの中で

も特に模範となるべき立場にあったことなどを踏まえると、その非違の程度が軽いとはいえない。他方で、多数の営業インストラクターが控訴人と同様の不正受給を繰り返していたなど被控訴人の旅費支給事務に杜撰ともいえる面がみられることや、控訴人に懲戒歴がなく、営業成績は優秀で被控訴人に貢献してきたこと、本件非違行為を反省して始末書を提出し、利得額を全額返還していることなど酌むべき事情も認められる。…本件非違行為の態様等は、本件服務規律違反者らの中で最も重い停職3か月の懲戒処分を受けた者と概ね同程度…であるといえ、…懲戒処分として懲戒解雇を選択すれば、…前記停職3か月の懲戒処分を受けた者との均衡も失するといわざるを得ない。…本件非違行為は、雇用関係を終了させなければならないほどの非違行為とはいえず、…懲戒解雇を選択することは不合理であり、かつ相当とはいえない。…本件懲戒解雇は、…客観的に合理的な理由を欠き、社会通念上相当なものとして是認することができないものであり、…無効と認められる。

応用と見直し

❖ 懲戒処分の相当性の原則等

国鉄中国支社事件（最一小判昭49・2・28）は、「懲戒権者は、どの処分を選択するかを決定するに当たっては、懲戒事由に該当すると認められる所為の外部に表われた態様のほか右所為の原因、動機、状況、結果等を考慮すべきことはもちろん、さらに、当該職員のその前後における態度、懲戒処分等の処分歴、社会的環境、選択する処分が他の職員及び社会に与える影響等諸般の事情をも斟酌することができ…、これら諸事情を綜合考慮したうえで…企業秩序の維持確保という見地から考えて相当と判断した処分を選択すべきである。…右の判断については懲戒権者の裁量が認められている…。…その裁量は、恣意にわたることをえず、当該行為との対比において甚だしく均衡を失する等社会通念に照らして合理性を欠くものであってはならないが、懲戒権者の処分選択が右のような限度をこえるものとして違法性を有しないかぎり、それは懲戒権者の裁量の範囲内にあるものとしてその効力を否定することはできない」と判断しており、この最高裁判例を踏まえて、懲戒処分については、「相当性の原則」がある

とされている。

また、懲戒処分については、「公平取扱いの原則」があるとされている。これは、懲戒規定の適用は、従業員に対して公平・平等になされなければならないとする原則である。

これらの原則を成文化したのが労働契約法15条であり、同条は、「使用者が労働者を懲戒することができる場合において、当該懲戒が、当該懲戒に係る労働者の行為の性質及び態様その他の事情に照らして、客観的に合理的な理由を欠き、社会通念上相当であると認められない場合は、その権利を濫用したものとして、当該懲戒は、無効とする」と規定している。

本件の一審は、「社用車で出張したにもかかわらず公共交通機関を利用した場合の旅費を請求して過剰な受給をした点において、原告と上記の12名は懲戒事由となる事実が共通している。…停職処分となった者も、一般の営業インストラクターの地位にあったにすぎず、その請求回数は原告を上回るものの、過剰受給額が原告の約半分となるほか…その他の悪質性を高める事情が見当たらない点で差異が見られ、…処分を違えることに合理性を見出すことができる」と述べて、懲戒権の濫用に当たらないと判断したが、本判決はその判断を

覆した。

❖実務上の留意点

懲戒処分を行う場合は、就業規則の懲戒事由に該当するか否かのみならず、懲戒の種類のどれを選択すべきかを十分検討する必要がある。とくに、同種の非違行為に対する懲戒例において、その企業がどの懲戒を選択したか、その懲戒例と比較して相当であるかを検討しなければならない。

懲戒処分

MEMO

育児介護理由に転勤拒否、解雇され無効と提訴

－NECソリューションイノベータ事件－（大阪地判令3・11・29）

弁護士　牛嶋　勉　　　　　　　　　　　　　　　［労経速2474号3頁］

　事業場閉鎖に伴う配転命令を拒否して懲戒解雇された従業員が、育児・介護を理由に転勤等はできないと主張して地位確認等を求めた。大阪地裁は、会社が認識していた子の疾病や親の介護の内容等からは通常甘受すべき程度を著しく超える不利益はないと判断。従業員自ら十分な説明を行わなかったとしたうえで、仮に事情を考慮しても配転命令は有効であり、懲戒権の濫用も否定している。

甘受すべき程度の不利益、配転命令の有効性認める

事案の概要

　被告会社は、平成31年3月1日、原告に対し、NEC関西ビルからNEC玉川事業場（神奈川県川崎市）に配転すること、同月15日までにNEC玉川事業場に着任することを内容とする配転命令を発令した。その後、被告は、原告との面談等を経て、同年4月15日までに転勤先に着任するよう再度命ずる旨の業務命令を通知した。

　被告は、平成31年4月15日、懲戒委員会を開催し、同委員会において、原告につき懲戒解雇が相当であるとの判断がなされた。被告は、平成31年4月17日、原告に対し、転勤命令に応じないことが業務命令違反であり、会社秩序を著しく乱すものとして、懲戒解雇とする旨通告した。

　原告は、訴訟を提起し、懲戒解雇が無効であるとして、労働契約上の地位確認と賃金等の支払いを求めるとともに、多数の従業員の面前で懲戒解雇通知書を読み上げられたことが不法行為に当たるとして損害賠償を求めた。

　本判決後、控訴審で和解が成立した。

判決のポイント

　使用者は業務上の必要に応じ、その裁量により労働者の勤務場所を決定することができる…が、転勤、特に転居を伴う転勤は、一般に、労働者の生活関係に少なからぬ影響を与えずにはお

かないから、使用者の配転命令権は無制約に行使することができるものではなく、これを濫用することの許されないことはいうまでもないところ、当該配転命令につき業務上の必要性が存しない場合又は業務上の必要性が存する場合であっても、当該配転命令がほかの不当な動機・目的をもってなされたものであるとき若しくは労働者に対し通常甘受すべき程度を著しく超える不利益を負わせるものであるとき等、特段の事情の存する場合でない限りは、当該配転命令は権利の濫用になるものではない…（最二小判昭61・7・14）。

本件において…NECグループは、本件特別転進支援施策を実施し…関西・西日本オフィスに所属する従業員で、本件特別転進支援施策を利用しない者は玉川事業場に配転する方針を採用している…。…閉鎖する…関西・西日本オフィスに勤務していた従業員を、玉川事業場に配転するということは、業務の効率化や、閉鎖される事業場に勤務していた従業員の雇用の維持という観点からみても、合理的な方策である…。…本件配転命令について、業務上の必要性があった。

原告に対し、退職強要に近い執拗な退職勧奨が行われたということはできない。…本件配転命令には業務上の必要

性が認められ…不当な動機・目的によってなされたものと認めることはできない。

被告が、本件配転命令以前に、原告が本件訴訟において提出しているような（子と親の病気に関する）医師の意見書や診断書等の内容を認識していないのは、…被告又はZ社（原告の出向先）が、原告に対し、玉川事業場への配転に応じることができない理由を聴取する機会を設けようとしたにもかかわらず、原告が自ら説明の機会を放棄したことによるものというほかない。…被告又はZ社が、本件配転命令を発出した時点において認識していた事情を基に、本件配転命令の有効性を判断することが相当…である。

仮に、原告が本件訴訟において提出した各資料を考慮したとしても…本件配転命令が権利の濫用となることを基礎づける特段の事情があるとはいえない。

懲戒処分をするに当たり、懲戒委員会を開催することやその構成員如何について法令上定められているものではなく、懲戒委員会を設置するか否か、その構成をどのような構成とするかは、使用者において就業規則等に定めることにより使用者が自由に決めることができるものである。

以上を総合考慮すれば、本件懲戒解

雇は、客観的に合理性があり、かつ社会通念上も相当なものといえ、懲戒権の濫用に当たるということはできない。

原告は…統括マネージャーが…多数の従業員の面前で大声で懲戒解雇通知書を読み上げたとの前提に立ったうえで、同行為が不法行為に該当する旨主張するところ、そのような事実自体が認められない。

 応用と見直し

❖東亜ペイント事件最判とその後の対応

本判決が援用する東亜ペイント事件最判は、使用者の配転命令権を肯定し、特段の事情がある場合に限って権利濫用になるとした。同判決以降は、配転命令を争う労働者は、異議をとどめて赴任し、訴訟を提起して配転命令の無効確認等を求める方法が一般的である。そうしなければ、使用者は、無断欠勤を続ける労働者を解雇するしかなく、労働者にとってリスクが大きいからである。本件で、なぜ異議をとどめて赴任し、訴訟を提起して争う方法をとらなかったのかは、本判決からは不明である。

帝国臓器製薬事件（東京地判平5・9・29）は、被告会社に勤務する原告Aが、昭和60年3月に東京営業所から名古屋営業所への転勤を命じられ、異議をとどめて赴任した後、転勤命令により、被告会社で共働きの妻原告Bおよび子の原告C・D・Eと別居をせざるを得ない単身赴任を強いられたとして、転勤命令の無効・違法を理由とする不法行為による損害賠償を求めた事案である。同判決は、被告会社の業務の必要性の程度に比し、Aの受ける経済的・社会的・精神的不利益が労働者において社会通念上甘受すべき程度を著しく超えるものと認めることはできないとして、Aには本件転勤命令を拒否する正当な理由があるとはいえないと判断し、原告らの請求を棄却した（控訴・上告も棄却された）。

❖懲戒委員会を設置すべきか

懲戒委員会・賞罰委員会等を設置して懲戒の是非・程度を審理する制度を設けている企業があるが、筆者は原則として賛同できない。懲戒委員会等で懲戒の是非・程度を検討し決議したとしても、訴訟等で争われた場合には、さほど尊重されていない。他方、懲戒委員会等の開催に時間を要するので迅速な対処ができずに困る場合が少なくない。また、懲戒委員会等の手続きが遵守されなかったとか、懲戒委員会での

弁明の聴取が不十分であったなどの理由で争われる可能性が少なくない。

❖実務上の留意点

配転命令の効力についての判断枠組みは東亜ペイント事件最判で確立している。配転命令が争われる可能性がある場合は、業務上の必要性、不当な動機・目的の有無、通常甘受すべき程度を著しく超える不利益の有無などについて十分な検討を要する。

MEMO

試用期間の延長同意、
就業規則に延長の根拠規定はなく無効？

－地位確認等請求事件－（東京地判令2・9・28）

弁護士　石井　妙子　　　　　　　　　　　　［判時2493号103頁］

　3カ月の試用期間で入社した従業員が、同期間を延長した後に本採用を拒否されたため解雇無効と訴えた。本人は延長に同意したが、東京地裁は延長を無効として請求を認容。就業規則に規定がなくても、能力や適性の調査を尽くす目的があり、かつ同意を得て最小限延長することは可能だが、注意指導等の状況からこうした目的は認められず、就業規則の最低基準効に反するとした。

問題点指摘せず、延長する目的認められない

 事案の概要

　Xは、Yと3カ月の試用期間がある労働契約を締結した。就業規則には試用期間延長の根拠規定はなかったが、Yは、試用期間延長通知書により、現時点では本採用に適すると認められないとして試用期間を1カ月延長する旨を通知し、Xは同通知書末尾の同意する旨の記載の下部に署名・押印をして延長に同意した。その後も2回、1カ月ずつ試用期間が延長され、延長された試用期間中、退職勧奨が行われたが、Xが応じなかったところ、試用期間中に本採用を拒否（解雇）された。

　Xは、試用期間延長の効力を争うとともに、解雇は客観的合理的理由を欠き社会通念上も相当でなく無効であるとして、雇用契約に基づき労働契約上の権利を有する地位にあることの確認と賃金の支払いを求め、さらに、不当な退職勧奨があったとして不法行為に基づく慰謝料およびこれらに対する遅延損害金の支払いを求めて提訴した。

 判決のポイント

1　試用期間延長の効力

　試用期間を延長することは、労働者を不安定な地位に置くことになるから、根拠が必要と解すべきであるが、就業

規則のほか労働者の同意も上記根拠に当たると解すべきであり、就業規則の最低基準効（労働契約法12条）に反しない限り、使用者が労働者の同意を得たうえで試用期間を延長することは許される。

解約権行使を検討すべき程度の問題があるとの判断に至ったものの労働者の利益のためさらに調査を尽くして職務能力や適格性を見出すことができるかを見極める必要がある場合等のやむを得ない事情があると認められる場合に、そのような調査を尽くす目的から、労働者の同意を得たうえで必要最小限度の期間を設定して試用期間を延長しても就業規則の最低基準効に反しないが、やむを得ない事情、調査を尽くす目的、必要最小限度の期間について認められない場合、労働者の同意を得たとしても就業規則の最低基準効に反し、延長は無効になると解すべきである。

本件では、面談を実施するなどして…問題点を具体的に指摘して…改善を促す取組みをしなかったこと…など職務能力や適格性を見極める取組みを…したと認めるに足りる証拠は存しない。試用期間を繰り返し延長した目的は、主として退職勧奨に応じさせることにあったと推認され、…1回目の延長は、やむを得ない事情があったとも、調査を尽くす

目的があったとも、認められず、就業規則の最低基準効に反することから無効であり、1回目の延長が有効であることを前提とする2回目、3回目の延長も無効であるから、本件雇用契約は、試用期間の当初の満了日の経過により、解約権留保のない労働契約に移行したと認められる。

2　解雇の効力

本件は、試用期間中の解約権行使でなく、普通解雇となり、Yが主張する事実のうち、解雇事由に当たり得るのは、集中力や説明を聴きとって理解することの問題、学習意欲に不足がある態度及び意思疎通の問題であるが、Xが（大学既卒で採用されたとはいえ社会人経験がなく）実質的には新卒者と同じであること、…Yが、…適切な指導を実施して改善されるか否かを検討したと認めるに足りる証拠がなく、かえって、退職勧奨に力を入れて会議室における一人での自習を主に続けさせたことを併せ考えると、前記の…問題が解雇事由に当たると評価することはできないというべきである。

したがって、本件解雇は、解雇権を濫用したものとして無効で…、労働契約上の権利を有する地位にある。そして、Yは、解雇の日以降の給与の支払を拒

解雇

むことができない。

3 退職勧奨

　Xに精神的苦痛を与えて退職勧奨に応じさせる目的で会議室に一人配置して主に自習させ続けた処遇及び、退職勧奨の言動（嘘つき、生産性のないやつなど侮辱的表現）は、その手段・方法が社会通念上相当と認められる範囲を逸脱し…、Xの人格権を侵害する違法行為というほかなく、不法行為に当たる。…Yの事業の執行について行われたことは明らかであるから、Yは、使用者責任を負う。損害額としては、本件において、Xは、Yの違法な退職勧奨により抑うつ状態を発症したと主張するが、その因果関係を認めるに足りる証拠は存しない。…本件会議室での実質的処遇が…約2か月間であること、その他、一切の事情を勘案すると、50万円が相当であると認められる。

 応用と見直し

　試用期間中は、解約権が留保されているが、本件のように適格性に疑問はあるという場合も、ただちにこの解約権を行使するのでなく、試用期間を延長することがある。

　このとき就業規則に、「試用期間を延長することがある」との規定があれば、当該規定に基づいて延長することができる。しかし、そのような規定がない場合は一方的な延長はできない。試用期間中は、解約権が留保されて、労働者を不安定な地位に置くものであるから、就業規則に明確な根拠がない限り、一方的な延長はできないとされる。

　一方的でなく、同意があれば、規定がなくとも、延長可能かというと、①真実自由な意思による同意といえるか、②就業規則を下回る合意として無効（労契法12条）ではないのかという点が問題となる。本件は②について、延長の目的等という点から検討したものである。

　延長の場面には、交通事故被害や新型コロナウイルス感染などで長期間出勤できなかったといったケースもあり、そのような場合は通常、本人にも延長のメリットがあり①②とも問題ないと考えるが、態度・能力に疑問がある場合の対応方法として、本件は実務上参考になるものである。

　もっとも、延長規定さえあれば、自由に延長することができるということではなく、労働者に不利益な措置である以上、やはり相応の理由が必要である。大阪読売新聞事件（大阪地判昭42・1・27）は延長の根拠規定のあった事例であるが、延長には合理的な理由と、かつ

その理由と期間を明示した告知を要するとした。また、延長規定の有無にかかわらず、延長に際しては、本人と面談をして、勤務態度、能力などの問題点を指摘したうえで、改善目標を示すなどの指導をし、延長期間中も、十分フォローして注意・指導をする必要がある。このままでは本採用はできない旨の説明もすべきである。

なお、退職勧奨が否定されるものではないが、前記のような対応を尽くしたうえで、それでも適性が見出せない場合に、内容・表現等に十分注意しながら行うべきである。

解雇

MEMO

情報漏えいで解雇、退職金3割とした一審は？

－みずほ銀行事件－ （東京高判令3・2・24）

弁護士　牛嶋　勉

[労判 1254 号 57 頁]

　情報漏えいを理由に懲戒解雇し、退職金を不支給とした事案の控訴審。3割支給を命じた一審に対して東京高裁は、情報の厳格管理や顧客情報の秘密保持が求められる銀行業の信用を著しく毀損する行為で、永年の勤続の功を跡形もなく消し去るのは明確と判断し、全額不支給とした。漏えいした対外秘の行内通達は雑誌やSNSに掲載され、漏えいの悪質性の程度は高いとしている。

永年勤続の功は跡形もなく消去、退職金全額不支給

 事案の概要

　一審原告は、対外秘である行内通達等を無断で多数持ち出し、出版社等に漏えいしたこと等を理由として懲戒解雇され、一審被告の退職金規程に基づき退職金の支払いを受けられなかったことにつき、被告に対し、本件懲戒解雇による精神的損害として不法行為に基づき5000万円の支払いを求めた。併せて、一審原告は、①主位的に、本件懲戒解雇は無効であるとして、労働契約上の権利を有する地位にあることの確認と、本件懲戒解雇後の賃金等の支払いを求め、②予備的に、被告が指摘する退職金不支給事由は原告のそれまでの勤続の功を抹消してしまうほどの重大な不信行為ではなく、退職金を不支給

とすることは許されないと主張して、退職金1223万余円等の支払いを求めた。一審（東京地判令2・1・29）は、原告の主位的請求を全部棄却し、退職金請求額の3割を認容した。そこで、原告が控訴し、被告が附帯控訴した。

 判決のポイント

　懲戒解雇の処分を受けた者については、原則として、退職金を不支給とすることができると解される。ただし、懲戒解雇事由の具体的な内容や、労働者の雇用企業への貢献の度合いを考慮して退職金の全部又は一部の不支給が信義誠実の原則に照らして許されないと評価される場合には、全部又は一部を不支給とすることは、裁量権の濫用となり、

許されない。

　第1審原告の懲戒事由は、多数の非公表情報…を反復・継続的に持ち出し、漏えいしたというものである。持ち出し、又は漏えいした情報の中には、複数のMBランクの情報（…顧客等や第1審被告グループの経営や業務に対して重大な影響を及ぼすおそれがあるため厳格な管理を要するもの)）が含まれている。さらに、第1審原告が漏えいしたMBランクの情報が雑誌やSNSに掲載され、非公開情報が一般の公衆に知られるという現実的な被害も発生している。

　金融業・銀行業を営む第1審被告にとって、情報の厳格な管理、顧客等の秘密の保持は、他の業種にも増して重要性が高く、企業の信用を維持するうえでの最重要事項の一つである。そうすると、第1審原告の行為は、第1審被告の信用を大きく毀損する行為であり、悪質である。また、現実に雑誌やSNSに掲載されて一般人にアクセス可能となった情報は、通常は金融機関（銀行）から外部に漏えいすることはないと一般人が考えるような種類、性質のものであったから、その信用毀損の程度は大きく、反復継続して持ち出し、漏えい行為が実行されたことも併せて考慮すると、悪質性の程度は高い。

　そうすると、第1審原告が永年第1

審被告に勤続してその業務に通常の貢献をしてきたことを考慮しても、退職金の全部を不支給とすることが、信義誠実の原則に照らして許されないとはいえず、裁量権の濫用には当たらない。

　第1審原告は、退職金全額を不支給とするには、当該労働者の永年の勤続の功を抹消してしまうほどの重大な不信行為があることが必要であると主張する。しかし、勤続の功績と非違行為の重大さを比較することは、一般的には非常に困難であって、判断基準として不適当である。…第1審原告の懲戒事由は、金融業・銀行業の経営の基盤である信用を著しく毀損する行為であって、永年の勤続の功を跡形もなく消し去ってしまうものであることは明確である。

 応用と見直し

❖ 懲戒解雇に伴う退職金不支給

　懲戒解雇した場合は、企業の就業規則または退職金規定において、退職金を支給しないと規定されているのが通常である。

　しかし、日本高圧瓦斯工業事件（大阪高判昭59・11・29）は、営業所の責任者が突如として退職届を提出し、営業所の運営を放置して残務整理をせず、

後任者に対しても何らの引継ぎをしないまま退職した等の行為は退職金の不支給を肯認させる永年勤続の功労を抹消するに足る不信行為に該当すると控訴人会社が主張した事案につき、「仮に、…退職に際し控訴人主張に係る…行為があったとしても…未だもって労働者である被控訴人らの永年勤続の功労を抹消してしまうほどの不信行為に該当するものと解することができない」と判断した。この裁判例は、労働関係民事裁判例集に掲載され（現在、裁判所のウェブサイトに掲載）、重要な先例として、その後の裁判例に影響を与えた。

❖退職金の不支給・減額の判断基準

　近時の裁判例には、上記の大阪高判の判断基準を、退職金の不支給のみならず減額にも及ぼすものがある。

　たとえば、NTT東日本事件（東京高判平24・9・28）は、「控訴人における退職手当は、賃金後払いとしての性格も有しているものであるから、懲戒解雇に相当すると判断されれば、他にいかなる事情があっても、退職金が不支給となるというように、本件不支給規定を全面的に適用することは相当とはいえない。…不支給規定によって、退職手当を不支給ないし制限することができるの

は、…それまでの勤続の功労を抹消ないし減殺してしまうほどの著しく信義に反する行為があった場合に限られる」と判断した。

　本判決の一審も、「本件各違反行為は、被告に採用されて以降の原告の永年の勤続の功を相応に抹消ないし減殺するものといえるが、これを完全に抹消ないし減殺してしまうほどの著しく信義に反する行為であったとまで評価することは困難であり、本件不支給決定は、本件退職一時金及び本件退職年金をそれぞれ7割不支給とする限度で合理性を有するとみるのが相当である」と判示しており、同様な判断基準によっている。

　しかし、本判決は、上記の判断基準を批判し、「勤続の功績と非違行為の重大さを比較することは、一般的には非常に困難であって、判断基準として不適当である」と判示した。上記のとおり、高等裁判所において異なる判断基準が示されており、今後どのように推移するか注目される。

❖実務上の留意点

　情報漏えいを理由とする懲戒解雇は少なからず見受けられる。しかし、野村證券事件（東京高判平29・3・9）は、他社のアナリストとの間で、複数の顧客の具体的な取引内容を次々と明らかに

するという態様の情報漏えいがあったにもかかわらず、懲戒解雇は重きに失するうえ、実質的な弁明の機会が与えられたとは認められないとして無効と判断されるなど、企業が考えるほど情報漏えいによる懲戒解雇が容易に肯定されるとは限らない。

MEMO

事業所閉鎖し解雇、
やむを得ないとした一審は？

ーネオユニット事件ー　（札幌高判令3・4・28）

弁護士　岡芹　健夫　　　　　　　　　　　　　　　［労判1254号28頁］

障害者の就労施設を閉鎖し事業を廃止して、スタッフらを全員解雇した事案の控訴審。閉鎖はやむを得ず解雇有効とした一審に対し、札幌高裁は、整理解雇の法理を当てはめて回避努力が尽くされておらず無効と判断。解雇手続が相当であったともいえないし再就職の都合を考慮して閉鎖時期を決定したり、合意退職に応じてもらうよう調整すべきだったとしている。人選の合理性も認められるが、対応を一部不十分とした。

解雇回避努力尽くさず無効と判断、対応一部不十分

 事案の概要

ア　本件は、指定就労継続支援A型（雇用型）の事業所（なお、非雇用型の事業所はB型といわれる）として運営していた就労継続支援施設（以下「本件施設」）が閉鎖され、スタッフおよび利用者の全員が解雇されたところ（以下「本件解雇」）、スタッフおよび利用者の一部（以下「Xら」）が、本件解雇の有効性を争った事案である（本件は他にも論点があるが、紙幅の関係で省略する）。

イ　Y社は、平成26年5月設立後、障害者総合支援法に基づく指定障害

福祉サービス事業者の指定を受け、平成27年2月からは本件施設を就労継続支援A型（雇用型）の事業所として運営していた。助成金等も含めたY社の経常損益は、設立から事業所の閉鎖（平成29年4月末）までの期間において3期連続赤字であり、各期末はいずれも債務超過に陥っていた。さらに、平成28年10月には社会保険料滞納によるY社名義の預金の差押えを受けるなどしていた。

ウ　平成29年3月末に生活支援員1人の退職により訓練等給付金の減額（月21万円）が見込まれたこと、同

年4月1日施行の基準省令の改正により、原則として、自立支援給付をもって利用者の賃金の支払いに要する額に充てることができなくなったこと等から、Y社は本件施設を閉鎖することとした。同年3月30日以降、スタッフおよび利用者全員に対して、同月31日付の解雇予告通知書を交付するなどして、同年4月30日付の本件施設の閉鎖の予告とともに同日付で本件解雇を行う旨の意思表示をした。Y社は、本件解雇予告に先立って、スタッフ、利用者に対し、本件施設の閉鎖等に係る事情の説明を行わず、合意退職の希望の確認もしていない。解雇日までにY社が設けた説明の機会は、同年3月30日の解雇予告通知書を交付した際と同年4月18日の説明会の2回のみであり、しかも、その説明会は、スタッフと利用者の全員を対象として実施された1時間程度のものにすぎず、利用者の抱える障害の特性に配慮したうえで個別の面談の機会が設けられるようなこともなかった。

エ　本件施設のスタッフおよび利用者のうち10人が、本件解雇の無効等を主張しY社を提訴した。一審（札幌地判令元・10・3）は、本件解雇

を有効とした（ただし、利用者についてのみ慰謝料各5万円および弁護士費用各5000円および遅延損害金の限度で認容）が、これを不服として、Xら6人が控訴したのが本件である（残り4人については一審判決が確定）。

 判決のポイント

ア　「事案の概要」イ及びウの事情（訓練等給付金減額、自立支援給付を利用者の賃金の支払に充てることの禁止）によれば、Y社の経営状況は極めて悪く、その改善が容易とはいえない状況にあった。

また、Y社経営者らにおいて、経営状況の芳しくない本件施設の運営に費やす時間を増やせないと判断したこともやむを得ず、本件施設を閉鎖して塗装・リフォーム業に集中する方針を決めたことが直ちに不合理であるとはいえない…。

また、本件施設を閉鎖するとした場合、就労継続支援A型の利用者として雇用された利用者及びその支援を行うスタッフ全員について、人員削減の必要性が生じることは否定し難い。そして、利用者及びスタッフ全員について人員削減の必要が認め

解雇

られる以上は人選の合理性も認められる。

イ　使用者が、労働者を整理解雇するに当たっては、…当該労働者等との間で十分な協議を行うべき信義則上の義務を負うものと解される。…Y社においては、Xら利用者らに対し、その障害の特性等も踏まえたうえで、本件施設の閉鎖等に係る事情について丁寧に説明したり、十分な再就職の支援等を行ったりして、本件施設の閉鎖及びY社を退職することについて、Xら利用者の理解を得る（合意退職を希望する利用者については、退職合意を交わすことを含む）ように努めるべきであった。

　　また、Xらのうちスタッフらに対し、十分な説明を尽くしたと認めることはできない。…合意退職の手続を経ることもなく一方的に…解雇したものであるし、…再就職に対する配慮がされたことも窺われない。したがって、…解雇手続が相当であったとはいえないし、再就職の都合等も考慮した閉鎖時期を決定し、合意退職に応じてもらえるよう調整するなどの解雇回避努力が尽くされたともいえない（本件解雇は無効）。

ウ　なお、本件判決に対しては、上告、上告受理申立てがなされたが、いず

れも、棄却、不受理決定で終了している（最決令3・11・9）。

 応用と見直し

　本件は、一審判決においてはXらに対する整理解雇を有効としていたところ、その判断を変更したところが注目される。

　一般的には、整理解雇は（ア）人員削減の必要性、（イ）解雇回避措置、（ウ）被解雇者の人選の合理性、（エ）手続きの妥当性の4要素を総合勘案してその有効性が判断される。

　一審判決では、本件施設の閉鎖の必要性（前記（ア））が認められることで、整理解雇という選択をする必要性が認められ、被解雇者の人選も別途検討する必要はなくなる（前記（イ）（ウ）は問題にならない）と判断され、解雇に関連する手続きも、事業廃止までの時間的制約の中で、できる限りの努力を尽くしたと認められれば足りる（前記（エ））とされた。一方、本件判決は、前記（ア）、（ウ）については、前述＜判決のポイント＞アのとおり、一審判決とほぼ同旨であったものの、前記（イ）、（エ）については、前述＜判決のポイント＞イのとおり、Y社の対応は不十分であるとして、一審判決の判断を変更するに至った。

事業廃止による人員解雇が問題となった場合に、上記の整理解雇の4要素がどのように判断されるかについては、裁判例の間でも若干の相違がある。整理解雇とは事案を異にするという裁判例（静岡フジカラーほか2社事件＝東京高判平17・4・27）もある一方、解雇権濫用法理の適用において、趣旨を斟酌することができるとした裁判例（グリン製菓事件＝大阪地決平10・7・7）も存する。本件事案においては、Y社は、事業閉鎖が問題となった本件施設の他にも、塗装・リフォーム業も営んでおり、全面的な企業閉鎖（会社解散）という場合ではなく、少なくとも企業は継続する以上、合意退職による解雇回避措置の努力、解雇までの丁寧な手続きといった行動を尽くす余地があったと認められたことが、判断に影響したとも思われる。

MEMO

ストーカー行為の諭旨免職、重すぎたとした一審は？

－PwC あらた有限責任監査法人事件－（東京高判令 3・7・14）

弁護士　牛嶋　勉　　　　　　　　　　　　　　　［労判 1250 号 58 頁］

　ストーカー行為等を理由に、諭旨免職や普通解雇された従業員が地位確認を求めた。行為を裏付ける証拠がなく請求を一部認容した事案の控訴審。東京高裁は、就業規則で禁じるハラスメント行為に当たり、行為は相当程度悪質で、懲戒歴がなく管理職でないことを考慮しても、普通解雇等を有効とした。控訴審では、被害女性が夫と協力して動画撮影した内容を具体的に補充主張していた。

録画して被害立証、ハラスメント行為で解雇有効

 事案の概要

　一審原告は、一審被告と期間の定めのない雇用契約を締結して就労していたが、平成 30 年 5 月、職場の女性に対するハラスメント等により諭旨免職処分を受けた。しかし、一審原告は、退職に応じず、同年 7 月、降格決定を受け、平成 31 年 2 月に至り、職務遂行に必要な能力を欠く等として普通解雇された。

　一審原告は、訴訟を提起し、①諭旨免職処分の無効確認、②降格決定の無効確認、③普通解雇は無効であるとして、雇用契約上の権利を有する地位の確認、④賃金および賞与の支払等を請求した。

　一審（東京地判令 2・7・2）は、①諭旨免職処分の無効確認請求を認容し、②降格決定は有効と判断し、その無効確認請求は確認の利益がないとして却下し、③普通解雇は無効として、雇用契約上の権利を有する地位の確認請求を認容し、賃金の支払請求を一部認容し、その余の請求は棄却した。そこで、当事者双方が控訴した。

　控訴審において、一審原告は、降格決定の無効確認請求を取り下げ、降格決定前の地位にあることの確認請求を追加した。

判決のポイント

　1審原告による本件ストーカー行為の態様は、平成29年9月頃から同年11月末までの約3か月間にかけて、職場で被害女性に視線を送ったり、被害女性の利用する座席のそばの座席を使用したり、被害女性が退社して駅に向かうとその後を付けたり、被害女性が退社して駅に来るのを待ち伏せ、ホームで被害女性を見失うと、被害女性が利用する乗換駅に行って被害女性を探したりしたというものであって…1審原告に対して警視庁M警察署長により本件警告がされた…。…1審原告の本件ストーカー行為及びそれにより生じた事情は、就業規則…の「ハラスメントにあたる言動により、法人秩序を乱し、またはそのおそれがあったとき」に該当する。

　1審原告による本件ストーカー行為は…就業規則…に該当する上…その内容も相当程度に悪質であって看過できないものであったことに鑑みれば、1審原告が、本件ストーカー行為が発覚するまでに懲戒処分を受けたことがなく、管理職の地位にある者でもないことなどを考慮しても、本件諭旨免職処分については…1審被告において懲戒権を濫用したものとはいえず有効である。

　本件普通解雇については…1審被告

において解雇権を濫用したものとはいえず有効なものと認められる。

 応用と見直し

❖一審が控訴審と異なる判断をした理由

　一審被告は、一審原告による本件ストーカー行為は、少なくとも4回に及び、そのうち1回は、原告が被害女性と同じ駅で電車を降りて被害女性を尾行した旨主張したが、一審は、一審被告の主張を裏付ける証拠がないとして、その主張を排斥した。

　また、一審被告は、原告が職場内において、被害女性の近くの席に座るようになり、被害女性に対して度々視線を送るなどの行為を行った旨主張したが、一審は、これも十分な証拠がないとして排斥した。

　このように、一審被告が主張した重要なセクハラ行為について証拠がないと判断したことが、一審が諭旨免職処分を無効とした大きな理由である。そして、一審が諭旨免職処分を無効と判断したことが、普通解雇を無効とする判断につながったと考えられる。

　しかし、前述したとおり、控訴審はストーカー行為等の事実認定とそれに基

解雇

づく判断において一審を覆した。

❖ストーカー行為の立証等

社外で行われたストーカー行為等を立証することは容易ではない。本件控訴審判決によると、被害女性は、ある日、夫に連絡して退社したところ、一審原告は、被害女性より先に退社して地下鉄の駅の柱の陰や改札口の付近で待ち伏せし、ホームで被害女性を見失うと、被害女性が普段使用している乗換駅に向かい、その駅のホームで周囲を見回して被害女性を探していた。それらの模様は、被害女性の夫が動画で撮影し、翌日、被害女性と夫は、警察署にストーカー行為による被害について相談した。本件は、このようにしてストーカー行為を立証した稀有な事案である。

他方、京都市（北部クリーンセンター）事件（大阪高判平22・8・26）は、セクハラ行為の内容・時期が特定されていないから、弁明の機会を与えたとはいえず、セクハラ行為を処分理由にできないと判断しており、この観点も重要である。

❖ストーカー等で諭旨解雇にした事案

筆者は、ストーカー行為を含むセクハラ行為を理由として諭旨解雇した事案に関与した。

その事案では、問題の男性社員は、職場の複数の女性社員（派遣社員を含む）に対して、日常的に、セクハラ発言を繰り返していた。また、ある女性社員に対しては、トイレに行った際につきまとう、退社する際に追いかけてつきまとう、退社する際に待ち伏せするなどのストーカー行為もしていた。

会社に対して女性社員から訴えがあり、その職場に複数のセクハラ被害者がいることが判明したので、会社は、被害者全員に迷惑をかけないことを約束して事情聴取を行い、諭旨解雇処分を行った。筆者は、当初から会社の相談にのり、事情聴取のやり方、事情聴取内容の文書化、懲戒事由の確定、懲戒処分の種類の選択、懲戒処分の通知方法、退職届の準備等について助言した。

その男性社員は、諭旨解雇処分を言い渡された場で、退職届を書いて提出したが、その後、諭旨解雇事由に当たらないと主張して労働審判を申し立てた。会社は、その社員を復職させることを拒否し、解決金を支払って社員が退職すること、その社員が会社の従業員に接触しないことなどを約束する調停を成立させた。調停成立後、被害者から筆者に対して連名でお礼の手紙が届いた。いかに職場でのセクハラ行為に苦しん

でいたかが窺われる内容であった。

❖実務上の留意点

　セクハラ行為について、客観的な証拠がない場合は、被害者の証言によって立証することになる。しかし、被害者は、後難を恐れて具体的な証言を躊躇することが多い。具体的な証言を得るには、被害者に、今後被害を受けることがないという安心感をもってもらう必要がある。企業は、状況に応じて、被害者を加害者から遮断する方法を講じることや、被害が重大な場合は加害者を企業から排除する意思を被害者に示して事情聴取を行うなどの対応を検討する必要がある。

MEMO

解雇

コロナで収入激減、タクシー会社解散しクビに

－龍生自動車事件－　（東京地判令3・10・28）

弁護士　渡部　邦昭　　　　　　　　　　　　　　　［労判1263号16頁］

　新型コロナウイルスの影響で事業継続が不可能になったとして、タクシー会社が全従業員に解雇を通告したうえ解散した。乗務員の解雇無効の訴えに対して、東京地裁は、整理解雇の法理によるのでなく、解雇の手続的配慮や不当な目的の有無を判断。予見困難な事態であり、団交で経営状況等に関し情報提供したことや低額だが退職慰労金の支給など、一応の配慮がなされ解雇有効とした。

経営状況等の説明や退職慰労金などの配慮もあり解雇有効

 事案の概要

　会社はタクシー営業等を行う株式会社で、令和2年5月の従業員数34人（タクシー部門30人、事務部門4人）、保有車両台数23台余りだった。

　甲は、平成14年11月1日以降、会社と労働契約を締結し、タクシー乗務員として稼働してきた。

　会社は、甲を含めた全従業員に対し、令和2年4月15日、近年の売上げ低下および新型コロナウイルス感染症拡大に伴う更なる売上げの激減により事業の継続が不可能な事態に至ったとして、同年5月20日をもって解雇するとの意思表示（本件解雇）をした。そして、本件解雇からその効果が発生する

までの期間を解雇予告期間とし、その後、会社は同年6月2日、臨時株主総会の決議により解散、清算手続きを開始した。これに対して、甲は本件解雇が無効であると主張して労働契約上の地位確認、および本件解雇および本件訴訟における会社の主張・代理人の言動が不法行為を構成するものとして損害賠償等を求めたものである。

　本件の争点は、会社の解散・清算を前提とした解雇に整理解雇の法理の適用があるかである。仮に、適用ありとすると、判例の蓄積により確立された整理解雇の4要素（①人員削減の必要性、②解雇回避努力義務履行の有無、③被解雇者選定の相当性、④手続きの妥当性）の適用の可否が問題となる。本判

決はおよそ以下のように判示して、甲の請求を斥けた。

 判決のポイント

(1)会社は、本件解雇に先立ち、本件解雇予告期間中に事業譲渡が実現しない限り、会社の事業を廃止し、事業譲渡の成否を問わず、事業譲渡又は事業廃止の後に解散することを決定していたと推認されるから、本件解雇は解散に伴うものと認められる。

そして、解散に伴って解雇がされた場合に、当該解雇が解雇権の濫用に当たるか否かを判断する際には、いわゆる整理解雇法理により判断するのは相当でない。もっとも、①手続的配慮を著しく欠いたまま解雇が行われたものと評価される場合や、②解雇の原因となった解散が仮装されたもの、又は既存の従業員を排除するなど不当な目的でなされたものと評価される場合は、当該解雇は、客観的に合理的な理由があり、社会通念上相当であるとは認められず、解雇権を濫用したものとして無効になるというべきである。

(2)本件解雇は、新型コロナウイルス感染症の感染拡大や緊急事態宣言発出に伴う営業収入の急激な減少という予見困難な事態を契機としてなされたも

ので…、会社が甲に対し事前に有意な情報提供をすることは困難であった上、（解雇予告後ではあるものの、団体交渉を行って具体的な情報を提供するとともに、低額ではあるが特別退職慰労金を支給し、甲らに対しても解雇手当金の支給を申し出ているなど）一応の手続的配慮がなされていたことからすれば、本件解雇が著しく手続的配慮を欠いたまま行われたということはできない。

(3)会社は、経営状態の継続的な悪化を背景に、新型コロナウイルス感染症の感染の拡大、…緊急事態宣言発出に伴う営業収入の急激な減少を契機として、事業の継続を断念し、解散を決断して本件解雇をしたものであり、本件解雇の目的は、以上によって十分に説明がつくものである。また、甲が本件解雇に不当な目的があったことの…主張自体…仮定的なものにとどまっている。甲自身、…主張の裏付けとなる具体的な事実につき何らの供述をもしていないことにも照らせば、本件解雇は、事業譲渡に当たり従業員や労働組合を排除するといった不当な目的をもってなされたものとは認められない。

(4)本件解雇は…有効であり、本件訴訟における会社の主張ないし代理人の言動も、…不法行為を構成するものとはいえない。

会社法471条3号は、株式会社は株主総会の特別決議（会社法309条2項11号）により解散すると定める。会社の実質的所有者である株主の大多数の意思、即ち、株主総会の特別決議（出席株主の議決の3分の2以上の多数）により、会社が解散されるとともに清算をする（会社法45条）こととなり、会社の物的財産は処分され、人的な従業員は解雇されることになる。

会社では、就業規則で「事業の減少、廃止その他の業務の都合により、廃職又は過員を生じたとき」は「解雇する」旨の定めがあるのが通常である。また、使用者側に生じた事由として、「不可抗力により事業の継続が不能」となる場合にも会社が従業員を解雇できないとすることは不合理である。即ち、事業の継続が不能であるとして会社解散をする場合には、前記した整理解雇の4要素は適用されない。

事業の減少によって会社が生き残りを図って従業員の一部を整理するリストラの場合には整理解雇の法理が適用されるが、真の解散の場合にまで整理解雇法理の4要素が全て適用されることはない。

ただし、会社の存続が容易なのに労働組合壊滅のために会社解散をしたり、従業員の全員を解雇した偽装解雇と認められる場合や、雇用存続に向けた努力が認められない場合または手続的配慮が欠けている場合には、解散会社による解雇を無効とする余地がある。

本件では会社解散に向けての手続的配慮を著しく欠いたまま解雇が行われたと評価されるか否かが争点となっている。会社解散による従業員全員の解雇の場合には、整理解雇の4要素のうちの「②解雇回避努力義務履行の有無」と「④手続きの妥当性」が問題となるが、本判決は、会社が5期連続で売上げ減少と営業赤字が継続している経営状況下で、債務超過状態になっていて、これ以上の事業継続は不能として解散を決断したこと、低額ではあるが特別退職慰労金の支給申出をしていること、団体交渉等を行って具体的な情報を提供していること等から、前記②および④の要件は尽くされていると判断したものであって、妥当なものと考えられる。ちなみに、ネオユニット事件（札幌高判令3・4・28、138ページ）では、「事業所閉鎖はやむを得ない」としつつ、「解雇回避努力が尽くされていない」、「再就職の都合を考慮して閉鎖時期を決定したり、合意退職に応じてもらえるよう調整すべきだった」として解雇を無効としている。

会社の経営者としては雇用の継続は無理として経営上の都合で解雇するとき、できるだけ解雇ではなく合意退職に向けての努力を尽くすこと（本判決のいう手続的配慮）が求められるといえる。

MEMO

社名入り制服やカートを使用し労働者性あり!?

－ロジクエスト事件－（東京地判令2・11・24）

弁護士　岩本　充史　　　　　　　　　　　　　　　［労判ジャ 110 号 42 頁］

配送業務の委託契約を解除された者が、実態は「労働者」であり解雇無効と訴えた。社名入りの制服やキャリーカートを使用していた。東京地裁は、制服着用等の目的は円滑な業務遂行であり、労働者性を基礎付けるものとはいえないと判断。受注するか諾否の自由があり、基本的な業務遂行方法も裁量を有するとしている。報酬は配送距離や件数から算出し、時間との結び付きは弱かった。

配送業務は委託契約に該当、
制服等の着用は円滑な業務遂行のため

 事案の概要

本件は、Yから依頼を受けて配送業務に従事していたXが、労働契約法2条1項、労働基準法9条の「労働者」に該当するにもかかわらず、Yが違法な解雇を行ったなどと主張して、不法行為等による損害賠償請求権に基づき、慰謝料および逸失利益等の支払いを求めた事案である。原審（東京簡易裁判所）は、Xの請求を全部棄却する旨の判決を言い渡し、Xがこれを不服として本件控訴を提起した。

(1)Yは平成27年11月1日、株式会社Aを吸収合併した株式会社である。なお、Bは本件会社の従業員であり、平成26年当時、業務委託契約書を交わした者に対し業務を依頼する部門の責任者であった。

(2)Xは平成25年9月26日、本件会社との間で、契約期間を契約締結日から3カ月間とする以下の記載のある業務委託契約書と題する契約書を交わし、平成26年1月1日、同年3月31日、同内容の業務委託契約書を交わした。

ア　Xは、委託業務を遂行するに当たり、本件会社所有のエコキャリーバッグならびにエコキャリーカート、ユニフォームを借り受け使用する。

イ　本件会社またはXは本件契約の期間中といえども、1カ月前までに予告することにより本件契約を解除

できる。

⑶ Xは、平成25年9月26日から、本件会社から都度依頼を受けて荷物を指定場所に公共交通機関により配送をする業務を遂行していたが、平成26年5月19日を最後に、本件会社ないしYから依頼を受けた業務を遂行していない。

争点の中で本件契約が労働契約に該当するか否かの点について紹介する。

 判決のポイント

本件契約は、配送業務に関する基本契約であり、個別の配送業務については、本件会社が業務があれば発注することとなっており、Xにその発注についての諾否の自由があるものと認められる。Xは、週3日働く旨のシフト表を提出し直さなければならなかったと主張するが、これを裏付ける証拠はないし、仮にXが週3日働く旨のシフト表を本件会社の要望に応じて提出し直したことがあったとしても、もともとの募集が週3日以上を前提としていたことに照らせば、…Xの諾否の自由がないとは直ちにいえない。

また、本件契約において、Xは、業務の遂行に当たり、本件業務の性質上最低限必要な指示以外は、業務遂行方法等について裁量を有し自ら決定…できることとされている。そして、Xは、配送業務の遂行に当たり、本件会社の社名やロゴが入ったエコキャリーバック、エコキャリーカート、ユニフォームを使用しているが、これは円滑な業務遂行を目的としたものである可能性がある以上、Xの労働者性を基礎付けるものとはいえない。また、仮にXが身だしなみについて注意されたことがあったとしても、社会通念に照らして、業務の性質上当然に注意されるべき事柄であるから、…労働者性を基礎付けるものとはいえない。

そして、本件契約の料金は、配送距離に応じた単価に個々の件数を乗じて算出するものであり、労務提供時間との結び付きは弱いものであるといえる。そして、…「日曜祝日手当」が支給されていたことは争いがないが、日曜祝日に委託を受注する業者が少ないこととの関係で単価を上げざるを得なかった可能性がある以上、…Xの労働者性を基礎付けるものとはいい難い。本件会社の募集広告に「1時間当たり850円の手取り保障」「フリー切符代1日1590円支給」との記載があるが、これらの条件は「勤務開始後1ヶ月間の特典」という一時的なものであったことからすれば、…Xの労働者性を基礎付けるものと

解雇

はいえない。

 応用と見直し

1 労働者性の判断基準

　労基法上の労働者とは使用者の指揮監督の下に労務を提供し、使用者から労務に対する対償としての報酬が支払われる者をいうのであって、一般に使用従属性を有する者あるいは使用従属関係にある者をいうと解されている。

　使用従属関係の存否は、業務従事の指示等に対する諾否の自由の有無、業務の内容および遂行方法につき具体的指示を受けているか否か、勤務場所および勤務時間が指定され管理されているか否か、労務提供につき代替性がないかどうか、報酬が一定時間労務を提供したことに対する対価とみられるかどうか、さらには、高価な業務用器材を所有しそれにつき危険を負担しているといった事情がないかどうか、専属性が強く当該企業に従属しているといえるか否か、報酬につき給与所得として源泉徴収がされているか否か、労働保険、厚生年金保険、健康保険の適用対象となっているか否かなど諸般の事情を総合考慮して判断されるべきとされ、裁判例でも同様の基準で判断されている。

　Xは、本件契約が労働契約に該当すると主張しているところ、労働者性の有無について、裁判例は、労働基準法研究会報告書（昭60・12・19）で示された判断要素を総合考慮して労働者性の判断を行っていると解される。すなわち、①「使用従属性に関する判断基準」と②「労働者性の判断を補強する要素」に大きく分け、さらに①は、指揮監督下の労働に関する基準（仕事の依頼に対する諾否の自由、業務遂行上の指揮監督、場所的時間的拘束性、代替性）と報酬の労務対償性に関する基準（報酬の算定方法や支払方法）に分け、②は、事業者性や専属性を挙げ、これらを総合して判断している。

　本判決もXには諾否の自由があること、本件業務の性質上最低限必要な指示以外はX自ら決定していたこと等を踏まえ、労働者性を判断しており、前記労働基準法研究会報告の要素への当てはめを行っているものであり、参考となるものである。

2 実務上の留意点

　Xはバイク等を利用することなく、公共交通機関により、荷物を配送していたが、Xと同様の荷物配送人に関しては、バイシクルメッセンジャーおよびバイクライダーの労働者性に関する通達

（平19・9・27 基発0927004号）も発出されている（判断要素は前記労働基準法研究会報告と同様。なお、この通達の後に出た判決〈バイシクルメッセンジャーの労働者性を否定した東京地判平22・4・28〉も参照されたい）。

実務上は当該通達も参照しながら労働者性の検討をすることになると思われるが、その際、諸要素は並列ではなく、指揮監督下の労働に関する基準が最も重要であり、指揮命令下にあると評価できるかという視点で検討することが必要である。

MEMO

無期転換後まもなく定年、継続雇用せず解雇は

－ NHK サービスセンター事件－（横浜地裁川崎支判令3・11・30）

弁護士　牛嶋　勉　　　　　　　　　　　　[労経速 2477 号 18 頁]

> 　無期転換したコールセンターの電話オペレーターが、同年末に定年を迎えた
> が継続雇用されなかった事案。地位確認等の請求に対して裁判所は、電話応対
> のルールや就業規則違反があり、多数の注意指導を受けながら改善する意思が
> 認められず、継続雇用拒否は相当と判断。勤務不良は著しく解雇相当とした。
> カスハラに関する訴えについても、安全配慮義務違反は認められない。

勤務不良著しく注意指導への改善意思なし、解雇相当と判断

 事案の概要

　原告は、平成14年4月から1年契約更新で、NHK視聴者コールセンターにおいて視聴者対応を行うコミュニケーターとして被告に採用された。17回にわたり契約更新され、平成31年に無期労働契約への転換権を行使して、令和元年8月以降契約期間の定めのない労働者となったが、60歳の定年となる同年末をもって退職とされ、原告の希望に反し継続雇用されなかった。原告は、そのことが実質的に高年齢者雇用安定法に反し、労働契約法18条の趣旨に反する雇止めであるとして、労働契約上の地位確認等を求めるとともに、被告が、要注意視聴者に対する刑事上・民事上の法的措置などにより、原告が要注意

視聴者によるわいせつ発言や暴言等に触れないようにすべき安全配慮義務を怠ったとして、安全配慮義務違反に基づき慰謝料等の支払いを求めた。

 判決のポイント

　原告の視聴者に対する電話対応には被告が策定したルール及び就業規則違反が度々認められ、かつそのことを被告から指摘され繰り返し注意・指導を受けるも自己の対応の正当性を主張することに終始してこれを受け入れて改善しようとする意思が認められなかったのであり、…被告における評価が極めて低かったこと…勤務状況が著しく不良で引き続き従業員としての職責を果たし得ないこと等就業規則に定める解雇事由に該当

し、継続雇用しないことについて、客観的に合理的な理由があり、社会通念上相当であるというほかはない。そして、問題となる原告の電話対応の内容及びその頻度並びにこれまでの被告の原告に対する多数回にわたる注意・指導の経緯及び原告の改善意思の欠如等に鑑みれば、本件継続雇用拒否が重すぎて妥当性を欠くとは認められない。

被告においては、5人のコミュニケーターに対して1人のCC（注：チーフコミュニケーター）又はCL（注：コミュニケーターリーダー）を、10人のコミュニケーターに対して1人のSV（注：スーパーバイザー）をそれぞれ配置し…、CC、CLやSVは、それぞれが担当するコミュニケーターの通話を順次モニタリングし、わいせつ電話はもとより、コミュニケーターの対応が困難になりそうな入電がないか常にチェックしていること…、また、…ルールを策定してコミュニケーターに周知し、わいせつ電話に対する対策として、コミュニケーターがわいせつ電話と判断した場合には転送指示を待たずに直ちにSVに転送することを認め、さらにその日における同一人物からの2回目以降のわいせつ電話に対しては、コミュニケーターの判断により即切断可能としていること、仮に何らかの理由ですぐに転送ができない場合には、電話を保留やミュートにしてそのまま席を離れ、直接、SVやCCに転送の依頼をすることも可能としたこと、また視聴者が大声を出すような場合には、コミュニケーターにおいてヘッドセットを外したり、転送をしたりする対応を認めていること…、さらに、…1日100件を超えるような入電があった際には、自動音声に切り替えることも認めているほか、転送を受けたSVが当該視聴者に対し業務に支障があるから今後架電しないよう抗議したり、対応中のコミュニケーターの席まで行って電話を代わって注意したりすることも行っていたこと…が認められるのであり、視聴者のわいせつ発言や暴言、著しく不当な要求からコミュニケーターの心身の安全を確保するためのルールを策定した上、これに沿って上記のような対処をしていることが認められる。

被告は、NHKから業務委託を受けている立場にあり、被告の判断のみでは、受信料を支払っている視聴者に対して刑事告訴や民事上の損害賠償請求といった強硬な手段をとることは困難であること…、また…わいせつ発言や暴言、著しく不当な要求を繰り返す視聴者に対し、被告が直ちに刑事・民事等の法的措置をとる義務があるとまでは認められない。

被告について原告に対する安全配慮義務を怠ったと認めることはできない。

 応用と見直し

❖定年後の継続雇用を拒否できる場合

　平成25年4月に施行された高年法の改正により、継続雇用制度の対象者を限定できる仕組みは廃止され、希望者全員を対象とする制度とすることが義務付けられた。同時に、高年法9条3項に基づく指針（平24・11・9厚労省告示560号）により、継続雇用制度を導入している場合は、使用者は、定年到達者が就業規則に定める解雇事由または退職事由に該当する場合に限って継続雇用を拒否することができることとされた。

　本判決は、上記指針に従って、本件継続雇用拒否の事由が就業規則に定める解雇事由に該当し、継続雇用拒否が有効であると判断した数少ない裁判例である。

　前記高年法改正後も、従前からの労使協定により対象者を限定していた事案につき、トヨタ自動車ほか事件（名古屋高判平28・9・28）は、「労使協定で定めた基準を満たさないため61歳以降

の継続雇用が認められない従業員についても、60歳から61歳までの1年間は、その全員に対して継続雇用の機会を適正に与えるべきであって…提示した労働条件が…実質的に継続雇用の機会を与えたとは認められない場合においては、当該事業者の対応は改正高年法の趣旨に明らかに反する」と判断した。

❖カスハラを理由とする賠償請求

　本判決については、カスタマーハラスメント（カスハラ）を理由とする安全配慮義務違反に基づく賠償請求が否定されたとして新聞等で大きく報道された。カスハラへの使用者の対応が適切でなかったことを理由として、使用者の安全配慮義務違反を主張した裁判例は、他にほとんどないようである。

　本件の事実認定によれば、視聴者によるハラスメントについては、使用者が一定程度の対応措置をとっていたものであり、安全配慮義務違反であると判断するのは困難な事案であったように思われる。

❖実務上の留意点

　平成25年4月の高年法改正から長期間が経過したうえ、令和3年4月の高年法改正により、65歳から70歳までの就業機会を確保するため、高年齢

者就業確保措置として、所定の措置の
いずれかの措置を講ずる努力義務が新
設された。このような状況において、

60歳の定年到達時に継続雇用拒否を行
うことは極めて困難であると考え、慎重
に検討する必要がある。

MEMO

解雇

成田事業場を閉鎖、整理解雇有効の一審判断は

―ユナイテッド・エアーラインズ事件―（東京高判令3・12・22）

弁護士　岡芹　健夫　　　　　　　　　　　　　　［労判 1261 号 37 頁］

　航空会社国際線の業務量が減り、客室乗務員（FA）による機内サービスを受託していた子会社の成田ベースが閉鎖された。それにより、当ベース所属の客室乗務員が、整理解雇されたため地位確認等を求めた事案の控訴審。東京高裁は、当該 FA の雇用主は子会社であること、契約で職種を限定していた中で、年収水準を維持した地上職への配転の提示や早期退職に伴う退職金の加算（20 ヶ月分）など解雇の不利益を緩和する可能な限りの回避措置を講じたと評価。団交を複数回行うなど整理解雇 4 要素に照らしても解雇有効とした。

可能な限り回避措置等を講じたとして、整理解雇有効

 **事案の概要**

　Y 社は、米国に本社を置く航空会社であり、X1 ～ 4（以下「X ら」）は、平成 5 年 2 月までに、Y 社の前身会社 A1 社との間で、当初は機内通訳として、後に FA（客室乗務員）として職種を限定したうえで、期限の定めのない雇用契約を締結した者である。

　平成 4 年、A1 社は、グアムを本拠地とする外資系航空会社 CMI を子会社化し、X らは平成 5 年 4 月に CMI に所属変更となった。CMI は、A1（A2 社との合併後は Y 社）からの委託を受け A1 社保有機材を用いた運航便において CMI 所属の FA による機内サービスを提供していた。平成 29 年に Y 社は CMI を吸収合併した。

　CMI には、FA が所属する「ベース」と呼ばれる部署がグアム（234 人。うち日本語スピーカー 32 人）と成田（21 人。全員が日本語スピーカー）にあり、X らは成田ベース所属であった。CMI も含めたグループ全体の全世界的な規模での機材配置の合理化や、路線の運航の順次廃止により、CMI 所属の日本語スピーカー FA の総乗務時間数は順次減少していった。

　平成 28 年 2 月 4 日、CMI と X らの所属する X5 労組との団体交渉で、CMI より、同年 4 月の成田ベースの閉鎖を通告され、従前と同等年収での地上職

への転換または割増退職金を含む早期退職パッケージの提案が行われた。閉鎖の理由としては、CMI 所属の FA、に日本語スピーカー FA が人員余剰であることなどが説明された。その後の団体交渉でも交渉が進展せず、平成 28 年 4 月末頃、CMI は X らに対し、同年 5 月 31 日をもって解雇（以下「本件解雇」）する旨通知した。本件解雇時、X らは、米国の就労ビザおよびグリーンカードを所持していなかった。本件解雇後の平成 28 年 8 月、Y 社および CMI が米国の労働組合 AFA との間で締結した労働協約には、外国籍の FA について Y 社および CMI の運航便への乗務を制限するフォーリンナショナル条項が含まれていた。

X らは、本件解雇を無効とし、主位的に労働契約上の権利の確認および賃金等の支払いを求める請求を、予備的に不法行為による損害賠償請求を行った。一審判決（東京地判平 31・3・28）は、X らの請求をいずれも棄却したため、X らが控訴したのが本件である。

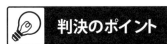 **判決のポイント**

ア　当該債務の履行地が日本であり、日本に国際裁判管轄があり、また、当該労働契約に最も密接な関係のある地は日本であるから、準拠法は日本法となる。

イ　CMI 及び Y 社を含む会社グループが、本件解雇を通知した時点において、AFA 労働協約に最終的にフォーリンナショナル条項が含まれることが確定していたことを知っていたと認めることはできない。

ウ　CMI 所属の FA…のフライトスケジュール…作成、現場の指示・命令も CMI…が行っていたことが認められる。…CMI は、…Y 社及びそのグループ会社から独立して業務を遂行し…、グループ会社から業務遂行上の指揮命令を受けることはなく、労働契約の内容や給与の支払関係…も別個…であって、…CMI 所属の FA と上記グループ会社との間に労働契約が存在し又はこれに類する関係があったとは認められない。

本件解雇の効力を判断するに当たっては、CMI 所属の FA である X らの使用者が CMI であることを前提として、CMI 単体で、①人員削減の必要性、②解雇回避措置の相当性、③被解雇者選定の合理性及び④解雇手続の相当性の各要素の存否及びその程度等の諸事情を総合考慮して、本件解雇が客観的に合理的な理由を欠き、社会通念上相当であると認め

解雇

られないかどうか（労働契約法16条）を検討するのが相当である。

エ　①については、CMIの成田ベース所属のFAの業務量が特に減少したものであって、…日本語スピーカーのFA（特に成田ベース所属のFA）の業務量の回復を見込むことはできなかったというべきである。グアム―成田路線の便でCMIが提供すべき機内サービス業務を本拠地のメインベースであるグアムベース所属の日本語スピーカーのFAに担当させることは、…人員配置が業務量に見合ったものとなり、…経営判断として合理的かつ相当なものであり、必要性もあった。

②については、FAとしての年収水準を維持したうえでの地上職への配置転換や（通常退職金に加えて特別退職金を最終的に20か月分加算して支払うという条件での）早期退職に伴う特別退職金の支払など、解雇により個人控訴人らが被る不利益を相当程度緩和するものとして、可能な限りの措置を講じていたものということができる。

（③、④も認められ）…整理解雇の4要素に照らしても、本件解雇は…認められないということはできない。

 応用と見直し

　本件の最も特徴的な点は、グループ会社の1社が、人員余剰を理由にその1部門を閉鎖し、その所属の従業員を解雇する際の整理解雇の有効性につき、当該グループ会社1社単体を使用者として判断するのか、グループ会社全体（またはその一部の数社）を使用者として判断するべきなのかが判断された点である（本件では、CMI単体でみた場合は、その人員余剰の経緯および程度、ある程度誠意のある解雇回避措置の提案がある以上、整理解雇の法理からしても、解雇が有効となる公算が大きいのは明らかであったといえる）。

　本判決は、一審判決と同様、CMIの業務、とくにXらFAの業務遂行における実態と、その労務管理の実情（労働条件の異同性）を検討し、CMIと他グループ会社は、同一会社を親会社とするグループ会社同士ではあるものの、あくまでも別個の会社として解雇の有効性を判断すべきと判示したものであり（判決のポイントのウ参照）、法人格否認の法理に関するこれまでの裁判法理上の延長に沿ったものと評価できる。より具体的事案をみれば、本件におけるXらを含むCMIのFAは、あくまでCMIの指揮命令下で就業し、業務量の都合に

より他のグループ会社の航空便で就業することはあっても、それは就業機会の確保のために採られた措置であり、本来的に、他のグループ会社の中心的、恒常的な構成員としての就業を想定されていたことはなかったところであり、その雇用保障の範囲は、CMI単体の範囲と解するのが、当事者の意思からしても就業実態、グループ間の要員配置からしても合理的であったと思われる。

MEMO

"業務上"傷病を休職と誤記、満了時の扱いは？

－丙川商店事件－（京都地判令3・8・6）

弁護士　岩本　充史　　　　　　　　　　　［労判 1252 号 33 頁］

私傷病である適応障害の休職期間が満了したため、自然退職となった従業員が地位確認等を求めた。休職規定では業務「上」の傷病を対象としていて、会社は誤記と主張した。京都地裁は、文言と正反対の業務外に読み替えて、労働者の不利に適用することは、労働者保護の見地から権利義務を明確化するために制定する就業規則の性質に照らし採用し難く、退職扱いを無効とした。

業務外へ読替不可、自然退職は適用できず無効

 事案の概要

　Yの従業員として稼働していたXが、適応障害等を発症したとして、平成29年11月2日から休職していたが、平成30年7月17日付け主治医の診断書では適応障害・急性ストレス反応と診断され、勤務不可能であり、3カ月の自宅療養が必要であると記載されていた。Xは平成31年1月16日にYに出社したが、Yは就労を拒絶した。その後、令和元年10月9日、第1回弁論準備手続き期日においてYが主位的に、Xにつき平成30年8月2日付けで休職期間満了による退職扱いを主張し（以下「本件各退職扱い」）、また、令和元年9月30日到達のY準備書面により、予備的に令和元年10月30日付けで解雇する

との意思表示（以下「本件各解雇」）をしたことから、Yに対し、本件各退職扱いおよび本件各解雇はいずれも無効であると主張して、①労働契約上の権利を有する地位にあることの確認等を求めた事案である（Xの他にもう1人が原告となっているが、割愛する）。

　なお、Yの就業規則には次の定めがあった。

（休職事由）

第17条　従業員が次の各号に該当した場合は休職を命ずる。

1　業務上の傷病により欠勤し3カ月を経過しても治癒しないとき（療養休職）

（略）

6　その他特別の事情があり、会社が休職を相当と認めたとき

（特別休職）

（休職期間）

　第18条　前条の規定による休職期
　　　間は次のとおりとする。

　　1　前条第1号の場合　6カ月

（復職）

　第21条　従業員は、休職期間満了
　　　前に休職事由が消滅した場合は、
　　　会社の指定する医師の診断書また
　　　は事由消滅に関する証明書を添付
　　　して書面で復職願いを提出しなけ
　　　ればならない。

　　2　会社は復職可能と認めた場合、
　　　復職を命ずる。

（退職）

　第27条　従業員が次の各号の1に
　　　該当するに至ったときは、その
　　　日を退職の日として身分を失う。
　　　（略）

　　6　休職期間が満了したが休職事
　　　由が消滅せず復職できないとき

　本件の争点は多岐にわたるが、本件
就業規則17条1号は「業務外の傷病」
による休職規定として、Xに適用される
のかとの争点の判断について紹介する。

判決のポイント

　本件就業規則17条1号は、休職事
由の一つとして、文言上、「業務上の傷

病により欠勤し3カ月を経過しても治癒
しないとき（療養休職）」と規定している。
一方で、本件訴訟において、Xらは、X
らの各休職事由につき、「業務上の傷病」
であるとは主張しておらず、「業務外の
傷病」として取り扱われることについて
当事者間に争いはない。

　そこで、本件就業規則17条1号の文
言にかかわらず、Xらに同号の適用があ
るかについて検討する。

　被告は、労働基準法上、業務上の傷
病により休職中の従業員を退職させる
ことはできないから（同法19条）、本
件就業規則17条1号に「業務上の」と
あるのは明白な誤記であり、正しくは「業
務外の」であるとして、原告らに同号が
適用されると主張する。

　確かに、業務上の傷病の場合に休職
中の従業員を解雇することは労働基準
法19条に反し、強行法規違反として無
効の規定となるから、本件就業規則17
条1号に「業務上の」と記載されてい
るのは、同規則作成時において、何らか
の誤解等があった可能性は否定しきれ
ない。また、一般に、業務外の傷病に
対する休職制度は、解雇猶予の目的を
持つものであるから、本件就業規則17
条1号を無効とはせずに、「業務外の傷
病」であると解釈して労働者に適用す
ることは、通常は労働者の利益に働く解

釈であると考えられる。

　しかしながら、本件においては、上記規定による休職期間満了後も引き続きYから休職扱いを受けてきたXらが、上記休職期間満了により既に自然退職となっていたか否かが争われている。このような場面において、労働者の身分の喪失にも関わる上記規定を、文言と正反対の意味に読み替えたうえで労働者の不利に適用することは、労働者保護の見地から労働者の権利義務を明確化するために制定される就業規則の性質に照らし、採用し難い解釈であるといわざるを得ない。

　したがって、本件就業規則17条1号を「業務外の傷病」による休職規定であるとして、これをXらに適用することはできないというべきである（本件各退職扱いは無効である）。

応用と見直し

　(1)本件では、Yは本件訴訟が提起された後の平成30年8月2日付けで休職期間満了により労働契約が終了した旨の主張を行っている。詳細の事実関係は原典に当たっていただきたいが、本件の事実関係のもとでは本判決の判断は相当であると解される。

　(2)しかし、業務外の傷病に就業規則17条1号が適用されるか否かの点については、検討を要すると考えられる。

　私傷病のため労務の提供をすることができない場合には、原則として普通解雇事由に該当する。多くの企業においては、私傷病により労務を提供することができない状態となった場合であっても、一定期間労務の提供を免除し、療養によりその労務提供能力の回復に努めさせるための休職制度を制定しているところである。

　ところが本判決を前提とすれば、Yにおいて私傷病についての休職制度はないのであり、Yとしては普通解雇の検討をすべきであったと考えられる。すなわち、本件では平成29年11月2日にXは休職に入り、その後、平成30年7月17日の時点でも3カ月の自宅療養を要する状態であったのであり、傷病のため労務提供をすることができない等の解雇理由で解雇をすることも可能であったと思われる（なお、Yはこのような理由で予備的解雇の意思表示はしていないようである）。

　また、確かに就業規則17条1号の文言を形式的に読めば私傷病はこれに含まれないが、労働者に本来私傷病では休職扱いをすることはできないが就業規則を労働者に有利に適用すべく、同号を適用する方法もあり得ると考えられ

－ 164 －

る（本件に当てはめると、平成29年11月2日から3カ月経過後に就業規則17条1号を類推適用して休職発令手続きをする）。

(3)いずれにせよ、私傷病休職等は休職期間満了までに復職ができない場合には労働契約が終了するという重大な効果が発生するものであるから、就業規則の文言の点検作業を行う必要性を認識させる事案である。

MEMO

退
職

退職日の日付なしでも、退職の合意成立

―日東電工事件― (広島地裁福山支判令3・12・23)

弁護士　石井　妙子　　　　　　　　　　　　[労経速 2474 号 32 頁]

　退職願を提出した従業員が、退職希望日の日付を入れず無効であり、また後日撤回したとして地位確認を求めた。裁判所は、届出の内容から労働契約を終了させる意思は明らかとした。退職願の返還を求めておらず行動が整合しないなどとして撤回も認めなかった。部長が退職を承認し、電話で退職願を受理したことを伝えており、合意解約は成立したとしている。

辞める意思明らか、受理・承諾され"撤回"認めず

事案の概要

　Xは、Y社との間で有期労働契約を締結していたが、雇用期間の途中である令和2年1月30日、部長に対し、Xの署名・押印のある「退職願」2通を提出した。いずれも「退職いたしたくご許可下さるようお願い申し上げます」とあったが、そのうちの1通は、退職日の記載なく、作成日付欄に「2020年1月6日」の日付が手書きされ、事由欄に「一身上の都合による」と手書きされていた。もう1通は、退職日について「2020年　月1日付」とあり、事由欄は「別紙のとおり」と手書され、「退職理由（事由）」と題する別紙が添付されていたが、作成日付欄は空欄であった（以下これらを「本件各退職願」という）。

　Xは、本件各退職願に退職日についての記載がないことから、退職の意思表示がなされたとはいえず、また、2月3日午前に部長ほか1人の管理職と話合い（以下、「本件話合い」という）をした際に、合意解約の申込みを撤回したと主張して辞職または合意解約による雇用終了を争った（退職無効であることを前提に、その後、契約更新された旨の主張もあるが、その点は本稿では割愛する）。

判決のポイント

1　「辞職」の有無

　本件各退職願…の内容をみると、…労働契約を終了させる意思を表示した

ものであることは明らかであるから、…退職の意思表示であると認めるのが相当である。Xは、退職希望日の記載のないことを指摘するが、退職の意思表示であるといえるためには、労働契約を終了させる意思が表示されていれば足りる…。

辞職は、労働者の一方的意思表示による労働契約の解約であって、使用者に到達した時点で解約告知としての効力を生じ、これを撤回することはできない。…辞職の意思表示であるといえるためには、明確に辞職の意思表示であると解し得る状況であったことを要する…。…本件各退職願の記載内容からすれば、…撤回の余地のない辞職の意思表示であると解することが相当であるといえるかは疑問を差し挟む余地があるし、…就業規則の規定内容（自己の都合により退職を申し出て、会社の承認を得たときに契約社員としての資格を失う旨の規定や、「契約社員が退職しようとするときは、少なくとも14日前に所属上長を経て退職願を提出し、会社の承認のあるまでは従前の業務に従事し、かつ業務の引き継ぎを確実にしなければならない」との規定）も考慮すると、…本件各退職願は、合意解約の申込みの意思表示であると認めるのが相当である。

2　撤回の有無

本件話合いにおけるXの言動は、その趣旨が曖昧というほかなく、それをもって原告が合意解約の申込みの意思表示を撤回したと認めるに十分なものであるとはいえない。むしろ、…「撤回」との文言に関連するXの言動は、…会社都合による退職となるよう交渉する手段として行ったものにすぎないとみることもあり得る…。加えて、Xが、本件各退職願の返還を求めるなどしておらず、（退職願の日付欄に作成日付を手書きするなど）合意解約の申込みの意思表示を撤回したことと整合しない行動をとっていたことも考慮すると、本件話合いにおいて、合意解約の申込みの意思表示を原告が撤回したと認めるには足りない。

3　合意退職の成立

遅くとも2月3日の午後6時までの間に、部長が、決裁者（所属部長）としてXの退職を承認し…、同日午後6時ころ、Xに対し、本件退職願がYに受理されていることを伝えているところ、これは、上記承諾を伝えたものといえる。したがって、…遅くともその時点で、…XとY間の労働契約は、合意解約によって終了した…といえるから、…

退職

Xの地位確認請求、賃金請求等には理由がない。

 応用と見直し

退職申出の撤回の可否に関する相談やトラブルは多い。本件の判示にあるとおり「辞職」（民法627条、628条）は、撤回できないが、合意退職（合意解約）の申込みの場合は、使用者の承諾があるまでは撤回が可能である。そこでまず、辞職なのか、合意退職の申出なのか、次に、合意退職だとして使用者の承諾と撤回のどちらが先だったのかが問題となる。

労働者保護の観点から、撤回のできない「辞職」の意思表示であったと認定するには慎重でなければならないというのが、従前の判例であり、本件判例もこれを踏襲している。もっとも判示にある就業規則の規定は、合意退職をする場合の社内ルールを定めたにすぎないと解するのが一般的であり、辞職の意思表示かどうか、この規定を根拠に判断するのは論理的でないと考える。

また、従前の判例として公表されているものは無期契約の辞職に関するものであり、本件は、有期契約の辞職である。無期契約の辞職（民法627条）の場合は、理由がなくても、一方的な解約の意思表示により、辞職が成立するが、有期契約の場合は、期間途中で辞めるためには、やむを得ない事由が必要である（民法628条）。撤回するまでもなく、そもそもやむを得ない事由に該当しないので、辞職は無効であるという主張もあり得ることから、会社として退職を是とする事案であれば、辞職かどうかにかかわらず、明示的に承諾して退職合意を成立させておくべきである。

次に、合意退職だとして、撤回と承諾のどちらが先かの争いとなる。本件では、2月3日午前中に撤回の申出はなく、午後には承諾通知をしているので、その後は撤回できないという結論となっている。何をもって承諾というかという点について、決裁権限のない者が受理しただけでは承諾とはいえないとした例（岡山地判平3・11・19）がある一方、人事部長が受理したことについては承諾といえるとした例（最三小判昭62・9・18）があるところ、本件では「会社が受理した」との発言をもって承諾を伝えたものと認定している。微妙なところであろう。

なお、判決は退職の意思表示の成立に退職日の記載は不要としている。辞職については、民法上、無期であれば申出から2週間経過後、有期であれば即日と定められているので、退職日はお

のずと決まる。合意退職の場合は、契約自由の原則から、退職日未定のまま雇用終了のみ合意するということも理論的にはあり得るが、実務上、退職日は重要であり、状況によっては、事実認定の問題として、未定のままでは合意の成立があったとはいえないとされる可能性もあると考えるので要注意である。

MEMO

退
職

退職願は未提出、口頭の辞意表明撤回できるか

－ A 病院事件 －（札幌高判令 4・3・8）

弁護士　渡部　邦昭

［労判 1268 号 39 頁］

退職願を提出せず口頭での退職申出は撤回したなどとして、未払賃金等を求めた事案。一審は確定的な退職の意思表示とはいえないとしたが、二審の札幌高裁は事務部長との面談で退職日を決定した後の撤回は効力がないとした。退職願を提出するよう就業規則に規定していたが、個別の合意が優先するとしている。同部長が退職するなら懲戒処分しないと告げたが強迫したとも認められない。

面談時に退職日付決定したとし、合意解約成立

 事案の概要

労働者甲（一審原告）は、平成 19 年 4 月 1 日医療法人である乙病院（一審被告）との間で期間の定めのない労働契約を締結し、乙病院の臨床検査科において臨床検査技師として稼働し、令和 2 年 1 月 20 日当時、科長代理の役職に就いていた。

令和元年 9 月頃、乙病院の臨床検査科に所属する臨床検査技師がわずか 1 カ月の間で 2 人も退職したことを受けて調査を行ったところ、甲が医師の指示なく検体検査をしたこと等の複数の非違行為の存在が確認された。そこで、乙病院の事務部長 A は、同年 12 月 2 日、甲と話合いの場を持ち、同月 5 日、面

談を行うこととなった。上記 2 日の話合いの場で甲は非違行為の一部を認めたため、A は甲に対し、乙病院としては厳しい処分を検討しているが、甲が自主退職するのであれば、乙病院としては処分しない、などと述べ、同月 5 日の面談の際に甲の回答を聞く旨を伝えるとともに、同月 5 日までの自宅待機を命じた。その際甲が、自主退職しない場合解雇になるのか、と尋ねたのに対し、A は分からないと答えた。

甲と A らは同月 5 日に面談したが、その際甲は A に対して「退職さし（原文ママ）ていただきます」と述べ、A 及び事務職員 B はこれを受けて、甲の退職を前提に打ち合わせをしたりした。そして、甲の退職日を令和 2 年 1 月 20 日

と決定し、退職後の健康保険の任意継続についても確認した。

乙病院の就業規則19条1号には、「自己の都合により退職願を提出して病院が認めたとき」は「退職する」との定めがある。Bは5日の面談時に甲に退職願の作成を求めたが、甲が印章を持ち合わせていなかったことからBは甲に対して退職願用紙を交付して、後日郵送として処理することになった。しかしその後、甲は令和元年12月16日、弁護士に相談し、同月20日に到達の同月19日付の書面により退職の申込みを撤回した。

甲は労働契約は合意退職により終了していない、として労働契約上の地位確認および未払賃金等の支払いを求めて、乙病院に対して訴えを提起した。

一審判決（札幌地裁苫小牧支判令3・1・29）は甲と乙病院との労働契約は令和元年12月5日の合意退職によって終了したとは認められないとして、甲の請求を認容した。

本判決は控訴審判決である。本件の争点である口頭での合意解約による労働契約の終了の有無について、本判決はおよそ以下のように判示して、一審判決を取り消して甲の請求を斥けた。

 判決のポイント

甲が、本件面談の際に、退職する旨を述べるにとどまらず、退職することを前提とした打ち合わせを…行ったり、甲が退職することをその上司に伝えると事務部長Aが述べたのに異議を述べなかったり、本件面談の後にも、退職…を前提とする行動を行っていることに照らせば、本件面談の際に甲が述べた、「退職させていただきます」との発言は、退職を考えているという趣旨の発言にとどまらず、確定的な退職の意思に基づいてなされた、…合意解約の申込みの意思表示であると認めるのが相当である。

事務部長Aは、甲に対し、乙病院は非違行為があると考えており、懲戒処分を予定しているが、甲が自主的に退職するならば懲戒処分はしない旨を告げて、甲による選択に委ねたのであって、懲戒処分について明示的にも暗示的にも告げていない以上、本件労働契約の合意解約の申込みの意思表示をするように…強迫したと認めることはできない。

本件において、乙病院の理事長は、事務部長Aに対し、甲に退職勧奨し、甲がこれに応じて本件労働契約の合意解約の申込みをした場合にはこれを受領し、承諾の意思表示をする権限を与えたのであるから、これは退職権限規程

退職

6条1項に基づく個別の代理であって、有効である。

乙病院の就業規則は、従業員からの申出による退職手続においては、書面による申出を予定している…。もっとも、一般に使用者と労働者との個別の合意は就業規則に優先するのであるから、就業規則19条1号が存在するからといって、…口頭での合意による労働契約の終了は妨げられない。本件面談時に、…乙病院が（合意解約の）承諾の意思表示をし、…甲が…退職する旨の合意が成立したものであるから、その後になされた撤回の意思表示は効力がない。本件労働契約は、甲と乙病院との合意解約により、…終了したものと認められる。

 応用と見直し

本判決の争点は、甲と乙病院との労働契約が面談時の合意解約により終了したといえるかにあるが、その前提として、事務部長Aによる退職勧奨の違法性が問題となる。

(1)日本IBM事件（東京地判平23・12・28）は、「労働者の自発的な退職意思を形成する本来の目的実現のために社会通念上相当と認められる限度を超えて、当該労働者に対して不当な心理的圧力を加えたり、又は、その名誉感情を不当に害するような言辞を用いたりし、その自由な退職意思の形成を妨げる不当な行為ないし言動をする場合は不法行為を構成する」としている。本件において、事務部長Aは、甲に非違行為があると考えており、甲も一部について認めていたことから、懲戒処分を予定していたが、甲が自主退職するならば、懲戒処分はしない旨を告げて、甲による選択に委ねたものと認められ、強迫等違法な退職勧奨とは認められないとした。

(2)自主退職しなければ、懲戒解雇になると誤信してなされた退職の意思表示には動機の錯誤が認められ、その動機は使用者に表示されたといえるから、要素の錯誤に当たり無効であるとの判例（富士ゼロックス事件＝東京地判平23・3・30）があるが、本件で事務部長Aは、（解雇になるかどうかは）「分からない」と述べるにとどまっていることから、甲の動機の錯誤は認められないし、「退職させていただきます」と述べたことは退職の意思表示と認められるとした。

(3)労働契約法4条2項は、「労働者及び使用者は労働契約の内容（略）について、できる限り、書面により確認する」と定めているが、必須の条件ではな

い。しかし、退職願（書面）の作成・提出・受領によって初めて退職の確定的意思表示がなされたものと認める余地がないわけではなく、微妙な認定判断であるといえよう。本件においては、退職願を押印なしの拇印でも構わないので、5日の時点で書面を受領するべきであったといえ、使用者側には紛争予防の観点から肝に銘じておくべきであったといえよう。

MEMO

退職

団交開催に3つの条件、組合合意せず交渉拒否

－国・中労委（アート警備）事件－（東京高判令2・8・20）

弁護士　緒方　彰人

［労判1262号37頁］

団交の開催に当たり録音禁止などの3条件を求めた会社が、合意に至らず交渉を拒み続けたために不当労働行為とされ、救済命令取消しを求めた行政訴訟の控訴審。東京高裁も、団交拒否には正当な理由はないとした。交渉内容の正確な記録は労使双方に必要性があり、企業秘密は一時的な録音停止で対応可能等としている。一切の口外禁止を課すことも労働組合の利益を害するとした。

正確な記録必要で録音禁じる正当な理由なし

 事案の概要

控訴人は警備請負に関する業務等を行う会社、参加人は控訴人の一部の従業員（校務員）が加入している合同労組である。平成27年8月12日および12月2日、参加人は、控訴人に対し、団体交渉の申し入れをした（以下「本件団交1および2」という）。

控訴人は、①団体交渉に関する情報の一切を秘密として保持すること（守秘義務条件）、②録音および撮影を行わないこと（録音撮影禁止条件）、③控訴人代理人の議事進行に従うこと（議事進行条件）を内容とする団交3条件に同意したことを条件に、本件団交1および2の候補日時および場所を連絡する旨回答した。参加人は、団交3条件に同意しなかったことから、本件団交1および2は開催されなかった。平成28年5月25日にも、参加人は控訴人に対し団体交渉を申し入れたが（以下「本件団交3」という）、控訴人は、団交3条件への同意を条件とするなどの回答を行い、本件団交3は開催されなかった。

そこで、参加人は、本件団交1～3の拒否を理由に救済申立てを行ったところ、都道府県労委、中労委とも、本件団交1～3の拒否は不当労働行為（団体交渉拒否）に当たるとして救済命令を命じた。控訴人が同救済命令の取消しを求めたが、原審（東京地判令2・1・30）は控訴人の請求を棄却した。

判決のポイント

①控訴人は、参加人の同意が得られない状態であることを知りながら、団交3条件への同意を求め続けたことにより、本件団交1及び2を拒否した…。…本件団交3についての控訴人の対応は、…団交3条件への同意をしなかったことを理由として…拒否したものと認めるのが相当である。

②条件に固執してされた団体交渉拒否について「正当な理由」があるといえるか否かは…団体交渉の…目的に照らし…条件等の内容が…必要性が認められるか否か…円滑な団体交渉実施等の観点に照らして合理的な内容か…他方当事者の利益を不当に害するものか否かなどの事情を総合して、当該条件等の必要性、合理性等が認められない場合には…「正当な理由」がないというべきである。

③守秘義務条件について…労働組合が団体交渉の内容及び結果を第三者に公表することは…労働組合の目的を達するため必要な場合がある一方…具体的な交渉内容には…一般的な労働条件に関する内容や公表されている会社の経営状態及び財産状態等…必ずしも秘密として保護すべき必要性が高くない事項…も含まれる。…情報の一切について

の守秘義務への同意を団体交渉の開催条件とすることは…団体交渉の目的に照らして本質的な情報までも…公表できないことになって労働組合の利益を害するものであるから、合理的な内容の条件…ということはできない。

④録音撮影禁止条件について…団体交渉の内容を正確に記録しておくことは…団体交渉の目的に照らし、労使双方にとって必要がある。…出席者の発言内容は、基本的には団体交渉の議題に関するものに限られ…企業秘密に当たる情報に言及する際は録音を停止するなどの個別対応も可能であるから…録音を一律に禁止することについて、当然に必要性及び合理性があるということはできない。

⑤議事進行条件について…労使間の合意がないにもかかわらず、使用者の利益を代弁する立場にある使用者代理人が議事進行を行うことは…当然に合理的…とまではいえない。

⑥控訴人が参加人の団交3条件への不同意を理由として（本件団交1〜3を）拒否したことは、「正当な理由」がなかった…。（編注：最高裁〈最三小決令3・2・9〉は、上告棄却、不受理とした）。

本件は、使用者が提示した団交開催条件について労組が合意しなかったため、団体交渉が開催されなかったことが、団体交渉拒否（労組法7条2号）に当たるかが問題となった事案である。

　団体交渉拒否は、使用者が①「団体交渉を拒否」し、②①に「正当な理由」がない場合に、成立する。①団交の日時・場所・出席者などの開催条件は、基本的には、労使の協議により決定されるものである。そのため、裁判例のなかには、使用者が開催条件をつけて団体交渉を行わなかったというだけでは団体交渉を拒否したとはいえず、労使双方の折衝の過程におけるやり取りと解される限り、それをもって団体交渉を拒否したとはいえないとしたものもある（中延学園事件＝東京高判平20・7・15）。しかし本件の控訴人は、団交3条件への同意を開催条件とすることを求め続けるなどして団体交渉が長期にわたり開催されなかったことなどから、開催条件について労使の折衝過程にあったとはいえず、団体交渉を「拒むこと」に該当すると判断されたものと思われる。

　②使用者が提示した開催条件についての合意が成立せず団交が開催されなかったこと（団交拒否）についての「正当な理由」は、条件の合理性を中心に使用者の態度の妥当性が判定される（菅野和夫「労働法」）。これまで裁判例においても、開催場所、出席人数、時間などの開催条件を提示して団体交渉を拒否したことについて、「正当な理由」を否定したものがある（商大自動車教習所事件＝東京高判昭62・9・8、暁星学園事件＝東京地判平30・1・29）。

　本件判旨は、「正当な理由」について、団体交渉の目的や円滑な団体交渉の実施ないし他方当事者の利益等の観点から、条件の必要性や合理性を判断した点、使用者の提示した開催条件が、守秘義務条件、録音撮影禁止条件、議事進行条件であった点に特色を有する。而して本件は、守秘義務条件や録音撮影禁止条件については、組合活動の一環として公表の必要や団体交渉の内容を正確に記録する必要があること、交渉内容には秘密として保護すべき必要性が高くない事項が含まれていたり、企業秘密に当たる情報については録音を停止するなどの個別対応が可能であるにもかかわらず、団体交渉に関する情報の一切についての守秘義務や録音撮影禁止を条件とした点において必要性・合理性が認められないとし、また議事進行条件については、団体交渉における議事進行は労使が対等な立場で行う

べきであり使用者の利益を代弁する使用者代理人が議事進行を行うことは合理的とはいえないとしたものである。開催条件の提示に際しては、その必要性・合理性などを踏まえて、協議等により解決していく姿勢が求められることに留意が必要である。

MEMO

団体交渉

誠実な団交求める横断幕や旗、会社が撤去請求

－Ｏ工業事件－（名古屋地決令3・7・5）

弁護士　渡部　邦昭　　　　　　　　　　　　　　［労判 1269 号 80 頁］

　本社敷地内に「誠実に交渉に応じろ」などとした横断幕や旗を設置した組合に対して、会社が撤去を求めた。正当な争議権の行使、組合活動という主張に対し、名古屋地裁は、こう着した賃上げ交渉を有利に進める目的で幕等を掲揚したもので正当性は認められるが、内容は通行人らに会社が違法行為を行っている印象を与え、信用を毀損すると判断。施設管理権や所有権を侵害するとした。

掲示理由は正当だが、信用損なう内容で施設管理権侵害

 事案の概要

　会社は昭和 29 年 5 月に自動車用精密樹脂部品の製造を目的として設立され、従業員は 248 人である。従業員は、令和元年 12 月 16 日、甲労働組合を結成した。JMITU 愛知地方本部および JMITU 愛知支部は、甲労働組合の上部団体である。

　甲労働組合らは、令和 3 年 1 月 8 日未明頃および同月 26 日未明頃、会社が所有する本社の正面脇のフェンスの公道側にそれぞれ横断幕 1 枚、合計 2 枚を設置した。また、同月 11 日夕方から同月 12 日早朝までの間、公道からも見通せる本社の正門近くのフェンス内側にのぼり旗 6 本を設置した。

　会社は、前記のぼり旗等の撤去を求めたが、甲労働組合らはこれに応じなかったことから、会社が甲労働組合らに対して、のぼり旗等の撤去を求める仮処分を申し立てたものである。

　争点は、甲労働組合らの本件のぼり旗等の設置が会社の所有権および施設管理権を侵害しているか。また、会社が甲労働組合らに対して、本件のぼり旗等の撤去を求めることが権利の濫用に当たらないか、さらに、その撤去を求める保全の必要性はあるのかの 2 点にある。本決定はおよそ以下のように判示して会社の申立てを認めた。

判決のポイント

(1)本件のぼり旗等は、…本社の構内に設置されており、会社の施設管理権及び所有権を侵害している。また、本件のぼり旗等は、…目立つ色を基調としたものであって、正門近くのフェンスに設置されているから、公道の通行人や会社の訪問者の目に入りやす（く）、その記載内容から、これを見た者に対し、会社が労使関係において違法な行為を行っているとの印象を与え、…会社の業務に悪影響を生じさせる可能性を否定できず、…信用棄損の程度は、軽微とはいえない。

(2)労働組合又はその組合員が使用者の許諾を得ないで企業施設を利用して組合活動を行うことは、その利用を許さないことが当該企業施設につき使用者が有する権利の濫用であると認められるような特段の事情がある場合を除いては、当該企業施設を管理利用する使用者の権限を侵し、企業秩序を乱すものであり、正当な組合活動に当たらない（最三小判昭54・10・30等）。甲労働組合らは、こう着した労使交渉を有利に進めるために、本件のぼり旗等の掲揚をしたものであって、その目的には正当性を認められる。

他方で、会社は、長期間にわたり、甲労働組合らが多数回の書面で繰り返した要求に対し、ほぼ逐一回答し、本件のぼり旗等の掲揚の直前にされた令和2年12月21日の団体交渉では、議題となった賃上げについて、（赤字が続き経営状態が良くないことから）実施できない理由を改めて説明し、相応の対応を行っている。本件のぼり旗等の設置による会社の権利利益の侵害の程度を考え合わせると、前記のような目的の正当性を考慮しても、会社による本件のぼり旗等の撤去請求は、権利の濫用に当たるとは認められない。

よって、被保全権利である会社の甲労働組合らに対する本件のぼり旗等の撤去請求権が認められる。

(3)本件のぼり旗等は、会社の施設管理権及び所有権を侵害するとともに、信用を毀損するものである。特に、後者の点については、会社には金銭賠償等では償いきれない著しい損害を発生させるおそれがあると考えられる。よって、保全の必要性は認められる。

 応用と見直し

労働組合およびその組合員が使用者の許諾を得ないで使用者の所有管理する物的施設を利用して行う組合活動の許容限度については、労働組合法1条

団体交渉

2項の「刑法35条の規定（正当な業務による行為は罰しない）は、労働組合の団体交渉その他の行為であって前項に掲げる目的（労働者の地位向上等のために労働組合を組織すること、労働条件について団体交渉を行うこと等）を達成するためにした正当なものについて適用があるものとする。但し、いかなる場合においても、暴力の行為は、労働組合の正当な行為と解釈されてはならない」を念頭に置きながら個別具体的に判断していくことになる。

国鉄札幌駅ビラ配布事件（最三小判昭54・10・30）によると、「労働組合による企業の物的施設の利用は、本来、使用者との団体交渉等による合意に基づいて行われるべきものである」、「利用の必要性が大きいことのゆえに、労働組合又はその組合員において企業の物的施設を組合活動のために利用しうる権限を取得し、また、使用者において労働組合又はその組合員の組合活動をするためにする企業の物的施設の利用を受忍しなければならない義務を負うとすべき理由はない」とする。

そのうえで「労働組合又はその組合員が使用者の所有し管理する物的施設であって定立された企業秩序のもとに事業の運営の用に供されているものを使用者の許諾を得ることなく組合活動のために利用することは許されないものというべきであるから、労働組合又はその組合員が使用者の許諾を得ないで叙上のような企業の物的施設を利用して組合活動を行うことは、これらの者に対しその利用を許さないことが当該物的施設につき使用者が有する権利の濫用であると認められるような『特段の事情』がある場合を除いては、職場環境を適正良好に保持し規律のある業務の運営態勢を確保しうるように当該物的施設を管理利用する使用者の権限を侵し、企業秩序を乱すものであって、正当な組合活動として許容されるところであるということはできない」と判示しており、本決定も前記最判を踏襲しているといえる。

企業施設を利用した組合活動については憲法28条の団結権や団体交渉権の保障の趣旨に鑑み、使用者としては、企業施設を利用した組合活動を受忍する義務があるとする見解も存するが、前記最判はこの見解を否定している。

そこで、「特段の事情」がある場合とは如何なる場合かが問題となるが、企業施設の利用の拒否や反組合的意図による不当労働行為に該当するような場合や、合理的な理由なく一方の組合にのみ利用を認め、他方の組合に利用を認めないという組合間差別の場合など

が考えられ、このような一定の機会は組合活動の必要性や会社に与えた損害の有無程度等を考慮して、違法性が阻却されると認められることがあり得よう。

いずれにしても労働組合による会社の物的施設の利用は原則として使用者との団体交渉等による合意に基づいて行われるべきであるといえよう。

MEMO

団体交渉

無理な団交強いると労委命令取り消した原審は

－山形大学事件－（最二小判令4・3・18）

弁護士　中町　誠

［最高裁WEB］

　誠実に団交に応じるべきとされた大学が、労働委員会の救済命令の取消しを求めた行政訴訟。合意する見込みのない団交を強いたとして同命令を取り消した原審に対して、最高裁は、誠実交渉義務に違反した場合には合意成立が見込まれなくても、同命令を出せると判示。誠実な交渉により労組は十分な説明や資料の提示を受けられるため、正常な集団的労使関係秩序の回復に寄与するとした。

誠実団交は"合意見込み"を問わない、説明や資料は有益

 事案の概要

　本件は、労働組合である上告補助参加人から、使用者である被上告人の団体交渉における対応が労働組合法7条2号の不当労働行為に該当する旨の申立てを受けた処分行政庁が、一部救済したことに対する使用者側の行政訴訟である。本件命令は本件各交渉事項に係る団体交渉における被上告人の対応につき、昇給の抑制や賃金の引下げを人事院勧告と同程度にすべき根拠についての説明や資料の提示を十分にせず、法律に関する誤った理解を前提とする主張を繰り返すなどかたくななものであったとして、労働組合法7条2号の不当労働行為に該当するとしたうえ、被上告人に対し、本件各交渉事項につき、適切な財務情報等を提示するなどして自らの主張に固執することなく誠実に団体交渉に応ずべき旨を命じ（本件認容部分）、その余の申立てを棄却したものである。

 判決のポイント

　労働組合法7条2号は、使用者がその雇用する労働者の代表者と団体交渉をすることを正当な理由なく拒むことを不当労働行為として禁止するところ、使用者は、必要に応じてその主張の論拠を説明し、その裏付けとなる資料を提示するなどして、誠実に団体交渉に応ずべき義務（以下「誠実交渉義務」と

いう）を負い、この義務に違反することは、同号の不当労働行為に該当するものと解される。そして、使用者が誠実交渉義務に違反した場合、労働者は、当該団体交渉に関し、使用者から十分な説明や資料の提示を受けることができず、誠実な交渉を通じた労働条件等の獲得の機会を失い、正常な集団的労使関係秩序が害されることとなるが、その後使用者が誠実に団体交渉に応ずるに至れば、このような侵害状態が除去、是正され得るものといえる。そうすると、使用者が誠実交渉義務に違反している場合に、これに対して誠実に団体交渉に応ずべき旨を命ずることを内容とする救済命令（以下「誠実交渉命令」という）を発することは、一般に、労働委員会の裁量権の行使として、救済命令制度の趣旨、目的に照らして是認される範囲を超え、又は著しく不合理であって濫用にわたるものではないというべきである。

ところで、団体交渉に係る事項に関して合意の成立する見込みがないと認められる場合には、誠実交渉命令を発しても、労働組合が労働条件等の獲得の機会を現実に回復することは期待できないものともいえる。しかしながら、このような場合であっても、使用者が労働組合に対する誠実交渉義務を尽くしていないときは、その後誠実に団体交渉に応ずるに至れば、労働組合は当該団体交渉に関して使用者から十分な説明や資料の提示を受けることができるようになるとともに、組合活動一般についても労働組合の交渉力の回復や労使間のコミュニケーションの正常化が図られるから、誠実交渉命令を発することは、不当労働行為によって発生した侵害状態を除去、是正し、正常な集団的労使関係秩序の迅速な回復、確保を図ることに資するものというべきである。そうすると、合意の成立する見込みがないことをもって、誠実交渉命令を発することが直ちに救済命令制度の本来の趣旨、目的に由来する限界を逸脱するということはできない。

また、上記のような場合であっても、使用者が誠実に団体交渉に応ずること自体は可能であることが明らかであるから、誠実交渉命令が事実上又は法律上実現可能性のない事項を命ずるものであるとはいえないし、上記のような侵害状態がある以上、救済の必要性がないということもできない。

使用者が誠実交渉義務に違反する不当労働行為をした場合には、当該団体交渉に係る事項に関して合意の成立する見込みがないときであっても、労働委員会は、誠実交渉命令を発することができると解するのが相当である。

団体交渉

応用と見直し

本件は、最高裁が、団体交渉事項が合意の見込みのない場合に交渉の過程で使用者側に不誠実な対応があったことを捉えて誠実に団体交渉に応ずべき旨の命令を発することができるか否かという点についてこれを肯定した初めての判断である。

控訴審（仙台高判令3・3・23）は「団体交渉が最終的には労使間の一定の合意の成立を目的とするものであることからすると、使用者に対し、事実上、労働組合にとって有意な合意の成立が不可能となった事項に関して労働組合との団体交渉を命ずることは、目的を達成する可能性がない団体交渉を強いるもので行きすぎといわざるを得ないし、このような命令によらなくとも、いわゆるポスト・ノーティス命令によって正常な集団的労使秩序の回復を図ることも考えられ」るとして、本件命令を取り消していた。

最高裁は、本命令の利点として、①使用者から十分な説明や資料を受けられる、②労働組合の交渉力の回復や労使間のコミュニケーションの回復に資する点を挙げ、労働委員会の広汎な裁量権に鑑み（判決中で第二鳩タクシー事件＝最大判昭52・2・23を引用）、本件命令も直ちに違法ではないとして、本件使用者の対応が誠実交渉義務に反して不当労働行為に該当するか否かについて審理を尽くさせるため、原審に差し戻したものである。

本判旨はあくまで使用者が誠実交渉義務を尽くしていない場合に限定した判断であることに留意が必要である。

本件と類似の事案としては、交渉の行き詰まりによる使用者の団交打切りが労組法7条2号の団交拒否の「正当な理由」となるかという問題がある。かつて最高裁は池田電器事件（最二小判平4・2・14）において当該救済命令の発令当時において、労働者両人の会社再建、解雇撤回の要求について、両人と会社との主張は対立し、いずれかの譲歩により交渉が進展する見込みはなく、団体交渉を継続する余地はなくなっていたというべきであるとして、会社が上記の問題につき団体交渉の継続を拒否していたことに「正当な理由」を認めている。当該事案は倒産後の全員解雇の事案（その後破産宣告を受けた）という特殊な事案であるが、当該救済命令の理由中には使用者が誠実交渉義務を尽くしていないかのような認定もあり、本件判断との関係が一応問題となろう。いずれにせよ、使用者が誠実交渉義務（使用者側の主張の論拠を説明し、その

裏付けとなる資料を提示するなど）を尽くしたうえで交渉が完全に行き詰まれば、以後の団交拒否の正当理由となることに変わりはないと解される。

MEMO

残業代含まない労災給付額は誤りと取消し請求

－休業補償給付支給決定取消請求事件－ （東京地判令4・4・13）

弁護士　中町　誠　　　　　　　　　　　　　　　　　　　　　　　［判例集未掲載］

適応障害で休業した経理部長が、労基法の管理監督者には当たらないとして、割増賃金を含んでいない休業補償給付の支給決定処分の取消しを求めた行政訴訟。東京地裁は、経理部において労務管理や人事考課の権限を持たない点などから管理監督者性を否定。労働時間に裁量はなく、給与は本部長に次いで高額だったが手当の一部は権限や裁量に対応するものではないとしている。

高待遇も裁量なく部長の管理監督者性を否定

 事案の概要

　　本件は、株式会社Aに勤務していた原告が、業務上の事由により適応障害を発症したとして、処分行政庁に対し、労災保険法に基づく休業補償給付の請求をし、平成30年3月23日付で休業補償給付の支給決定を受けたのに対し、原告は労働基準法41条2号の「監督若しくは管理の地位にある者」に該当せず、本件処分には給付基礎日額の算定に誤りがあるとして、その取消しを求めた事案である。

　　本件の争点は、本件処分に係る給付基礎日額に時間外および休日労働に対する割増賃金を算入すべきか否かであり、具体的には、本件平均賃金の算定期間（原告は管理本部経理部長として財務会計等の業務に従事）において、原告が労基法41条2号規定の管理監督者に該当するか否かである。

 判決のポイント

1、労基法41条2号の管理監督者とは、労務管理について経営者と一体的な立場にある労働者をいい、具体的には、当該労働者が労働時間規制の枠を超えて活動することが要請されざるを得ない重要な職務や権限を担い、責任を負っているか否か、労働時間に関する裁量を有するか否か、賃金等の面において、上記のような管理監督者の在り方にふさわしい待遇がされているか否かという3点を中心に、労働実態等を含む諸事情を

総合考慮して判断すべきである。そして、ここでいう経営者と一体的な立場とは、あくまで労務管理に関してであって、使用者の経営方針や経営上の決定に関与していることは必須ではなく、当該労働者が担当する組織の範囲において、経営者が有する労務管理の権限を経営者に代わって同権限を所掌、分掌している実態がある旨をいう趣旨であることに留意すべきであり、その際には、使用者の規模、全従業員数と当該労働者の部下従業員数、当該労働者の組織規定上の業務と担当していた実際の業務の内容、労務管理上与えられた権限とその行使の実態等の事情を考慮するとともに、所掌、分掌している実態があることの裏付けとして、労働時間管理の有無、程度と賃金等の待遇をも併せて考慮するのが相当である。

2、原告（経理部長）は、経理部の部下に対する労務管理や人事考課につき何らの権限を持たず、…経営者と一体となって労働時間規制の枠を超えて活動することが要請されざるを得ない重要な職務や権限を担っていたと評価することは困難である。

原告は、他の従業員と同様、就業規則による労働時間の規律に服し、出勤簿による勤怠管理を受け、…労働時間や出退勤に関し、労基法による労働時間規制の対象外としても保護に欠けないといえるような裁量はなかったと評価するのが相当である。

原告の給与月額（72万円）はD本部長（94万円）に次ぐ高額であったものの、…権限や裁量の広さに対応するものではなく、…引抜き目的の上乗せであった月額18万円の住居手当を除外すれば、…給与月額は54万円にとどまり、労基法による労働時間規制の対象外としても保護に欠けないといえる待遇と評価することは困難である。

3、労基法の解釈例規（昭52・2・28基発104号の2、昭63・3・14基発150号）は、経営者と一体となって経営上の重要事項に関する企画立案等を行う、いわゆるスタッフ職について、人事労務に関する権限を有せずとも管理監督者と認める余地を肯定している。

しかし、…原告は、その所掌事務や仕訳という権限の範囲からすれば経営者と一体的立場にあったとは評価し難いうえ、労働時間等の裁量や給与額等に照らしても管理監督者に見合う処遇がされていたとはいえ

その他

ないことからすれば、仮に上記の見解に立ったとしても、原告を管理監督者と認め難いことに変わりはない（原告が管理監督者とする労基署長の判断を否定し、本件処分取消し）。

 応用と見直し

　本件は、原告の管理監督者性の有無が争われた事案である。管理監督者性の争いは通常は割増賃金等請求事件で問題になることが多いが、本件のように労災の給付額についても、算定上当然影響があり、労基署長の処分に対する取消請求事件の争点として争われることがある（同種事件として川崎北労基署長事件＝東京地判令元・11・7）。管理監督者性の判断としては、日本マクドナルド事件（東京地判平20・1・28）が著名であるが、同事件では、「経営者との一体性」の判断要素について、「店長は、店長会議や店長コンベンションなど被告で開催される各種会議に参加しているが、これらは、被告から企業全体の営業方針、営業戦略、人事等に関する情報提供が行われるほかは、店舗運営に関する意見交換が行われるというものであって、その場で被告の企業全体としての経営方針等の決定に店長が関与するというものではないし…他に店長が

被告の企業全体の経営方針等の決定過程に関与していると評価できるような事実も認められない」として、あたかも企業全体の経営方針等の決定過程に関与していることを要件とするかのような判示がなされていた。しかし、このような判断については、有力学説（菅野和夫教授）から、担当する組織部門について経営者の分身として経営者に代わって管理を行う立場にあることが「経営者と一体の立場」であると考えるべきとの批判があった。

　最近の裁判例ではこのような批判を受容した判断が散見されるようになり、本判決もその一例ということができる（なお前掲川崎北労基署長事件判決も同旨）。そして、本判決は判決のポイント1のとおり、かなり具体的にその判断基準を示しており、実務上参考になるだろう。

　本判決は、いわゆるスタッフ管理職の昭和52年等通達にも言及している。同通達は、経営上の重要事項に関する企画立案等を行うスタッフ職についても、労務管理の権限がなくとも一定の範囲で労基法上の管理監督者性を認める内容である。本判決では、同通達の是非自体の判断は留保しているが、裁判例の中にはユニコン・エンジニアリング事件（東京地判平16・6・25）のよう

に一般論としてはこれを肯定する立場や、日産自動車事件（横浜地判平31・3・26）のように「単に、経営上の重要事項に関する企画立案等の業務を担当しているというだけでは足りず、その職務と責任が、経営者と一体的な立場にある

と評価できることまでも必要とすると解すべき」と同通達を一部修正する判断もあり、スタッフ管理職の取扱いについて、いまだ司法上の判断が定まらない状況にある。

MEMO

その他

美容院店長が顧客情報利用禁止の仮処分求める

－X事件－（横浜地決令4・3・15）

弁護士　緒方　彰人

［労経速2480号18頁］

美容院のオーナー店長が、退職した元従業員に対し顧客情報の利用禁止を求める仮処分を申し立てた。横浜地裁は、雇用時に結んだ退職後も営業秘密を保持する誓約書を有効とし、2年間の営業活動等を禁じた。顧客名や電話番号等データベース化し管理していた情報を利用したことで、売上げ等の営業上の利益を侵害するとした。在職中に情報秘密保持手当を支給したことも考慮している。

退職後も秘密保持義務負う、在職中は手当も支給

 事案の概要

債権者は、申立外会社との間で、同会社が運営する美容室の運営業務の委託を受け、債権者が雇用した美容師を就労させ、同社から支払われる業務委託料を原資として被用者の賃金を支払うとともに、収入を得ていた。債務者は、平成27年3月、債権者と雇用契約を締結し、本件店舗にて美容業務に従事していた。

申立外会社は、神奈川県を中心に14店の美容室を運営しており、同美容室は地域密着型であった。また債務者は、雇用契約締結時に、債権者に対し、退職後も、「在職中に知り得た会社及びサロンの取引先（顧客）の経営上、技術上、営業上その他一切の情報（個人情報を含みます）」についての秘密を保持する旨の誓約書兼同意書（以下「本件特約」という）を提出し、また在職中、債権者から情報秘密保持手当として毎月5000円ないし1万4000円の支給を受けていた。申立外会社は、各美容師が取得した顧客の情報（顧客名、住所、電話番号等）をデータベース化して管理していた。

令和3年10月以降、債務者は、転職を意図し、横浜市内の複数の美容室を見学し、また本件店舗に設置されたパソコンを操作して本件店舗において同人が接客した顧客のデータを閲覧し、その顧客情報を携帯電話に記録し、同年12月30日、退職した。

債権者は、債務者に対し、神奈川県内および東京都内において、仮処分決定後2年間、債務者が自身の顧客にする意図で顧客に電話をかける等の営業活動や、顧客情報を第三者に開示提供することの禁止を求める仮処分申立てをした。

 判決のポイント

①本件特約は、債務者に対して、…雇用契約終了後においても、「サロンの取引先（顧客）」すなわち…美容室の顧客の個人情報について秘密保持義務を負わせるものと解される。退職後に債務者が本件店舗の顧客の情報を利用すると…債権者の申立外会社に対する信用が棄損され、また、債権者が運営する美容室の売上等の営業上の利益が侵害されること、本件店舗で就労する債務者は美容師として顧客から情報を取得し、また、顧客の情報を利用するなど顧客の情報を知り得る立場にあること、債権者が…情報秘密保持手当を支給していたことを考慮すれば、本件特約は合理性を有している。…顧客の氏名、住所、電話番号が個人情報に含まれることは一般的に認識されている…。よって、債務者は、本件店舗の顧客の氏名、住所、電話番号について、債権者との雇用契

約終了後においても秘密保持義務を負う。

②保全の必要性について、債権者は…美容室の運営を委託されているところ、債権者の被用者がその退職後に…顧客の情報を利用し又は第三者に開示、提供するなどして…顧客の情報が漏洩した場合、申立外会社との信頼関係が棄損され、業務委託の範囲の縮小や契約解除などに至るおそれがある。…債務者は、…雇用契約終了後の就業先を探している中で、本件店舗の顧客の情報を携帯電話に記録している…から、債務者が新たな就業先において…情報を利用して営業活動をするおそれ及び就業先などの第三者に…情報を開示、提供するおそれがある。

③債権者は、…本件特約に基づき…情報の利用、第三者への開示、提供について差し止めることができる。

 応用と見直し

不正競争防止法（不競法）上の営業秘密（不競法2条6項）に当たらない企業機密であっても、企業が長年かつ多額のコストを費やして開発取得してきた知的財産に当たるものがあるため、企業としては、労働者に対し退職後も秘密保持義務を負わせたい一方、従業員

その他

も自身の職業生活を通じて得た知見等を活用して、キャリアアップを図ることを希望する。そこでこうした企業側の企業機密保護の利益と、従業員の転職の自由との調和が問題となる。裁判例においては、退職後の秘密保持義務について、①秘密の性質や範囲、②秘密としての価値、③労働者の退職前の地位などに照らし、その有効性を判断する傾向にある（ダイオーズサービシーズ事件＝東京地判平14・8・30など）。

①本件判旨は、「在職中に知り得た会社及びサロンの取引先（顧客）の経営上、技術上、営業上その他一切の情報（個人情報を含みます）」という合意について、債権者が申立外会社から運営を委託されている美容室の顧客の個人情報について秘密保持義務を負わせるものと解し、本件特約における秘密の範囲を特定している。秘密保持義務の対象となる秘密の範囲が問題となるのは、秘密の範囲が認識できないと、労働者の予測可能性が失われ退職後の行動が不当に制限されるためであるが（ダンス・ミュージック・レコード事件＝東京地判平20・11・26など）、本件特約のような合意内容であっても、美容師という職種などに照らせば、本件判旨のように秘密の範囲を「美容室の顧客の個人情報」と解することも契約の合理的解釈として

は相当と思われ、またこう解しても労働者の予測可能性が失われるものでもないと思われる。

②また本件店舗を運営していた申立外会社においては、各美容師が取得した顧客情報（顧客名、住所、電話番号等）をデータベース化して管理しており、これらの情報は、長年の経営を通じて取得し蓄積してきたものと思われることや、本件店舗が地域密着型で経営していること、顧客名簿は不競法の営業秘密に当たる（もっとも不競法の営業秘密に当たるためには、秘密管理性や非公知性などの要件を満たす必要がある。不競法2条6項）と解されていることなどからすれば、秘密としての価値も認められよう。

③さらにこれらの顧客情報は、美容師が顧客から情報を取得し、利用していたのであるから、美容師は顧客情報を知り得る立場にあり、美容師に対し顧客情報についての秘密保持義務を負わせる必要や相当性も認められる。これらのことから、本件判旨は、本件特約の合理性を認め、債務者に対し、本件店舗の顧客の氏名、住所、電話番号について、債権者との雇用契約終了後においても秘密保持義務を負うとしたものと思われる。なお本件判旨は、本件特約の合理性を認める理由として、情報秘

密保持手当の支払いを受けていたこも指摘するが、退職後の秘密保持義務は、競業避止義務と比し労働者の職業選択の自由に対する制約の程度が低いことから、秘密保持手当のような代償措置の実施は必ずしも必要でないと思われる（手当等の代償措置もない秘密保持義務を有効とした事例として、前掲ダイオーズサービシーズ事件）。

MEMO

その他

著者略歴 (50音順)

弁護士　石井　妙子（いしい　たえこ）

太田・石井法律事務所（千代田区一番町13　ラウンドクロス一番町6階）
　昭和61年4月弁護士登録（第一東京弁護士会）。平成30年経営法曹会議事務局長。
　専門分野は人事・労務管理の法律実務。
　　＜著書＞　「問題社員対応の法律実務」（経団連出版）
　　　　　　　「続　問題社員対応の法律実務」（同上）
　　　　　　　「改訂版　最新実務労働災害」共著（三協法規出版）など

弁護士　岩本　充史（いわもと　あつし）

安西法律事務所（中央区銀座3-4-1　大倉別館3階）
　平成11年弁護士登録（第一東京弁護士会）。駒澤大学大学院法曹養成研究科法曹養成専攻非
　常勤講師。東京地方最低賃金審議会公益代表委員。東京簡易裁判所民事調停委員。内閣官房
　内閣人事局専門調査員。
　　＜著書＞　「別冊ビジネス法務・不況下の労務リスク対応」（中央経済社・共著）
　　　　　　　「人事・労務における法務とリスクマネジメント～コンプライアンスとトラブル防
　　　　　　　止のための法務知識と具体的実務対応～」（企業研究会・共著）
　　　　　　　「労働契約法の実務－指針・通達を踏まえた解説と実践的対応策－」（民事法研究会・
　　　　　　　共著）

弁護士　税理士　牛嶋　勉（うしじま　つとむ）

牛嶋・和田・藤津・吉永法律事務所（千代田区一番町5-3　アトラスビル5階）
　昭和51年弁護士登録。昭和57年税理士登録。平成17年新司法試験考査委員（租税法）。平
　成29年経営法曹会議代表幹事（現在、顧問）。
　　＜著書＞　「出向・転籍・退職・解雇」（第一法規・編著）
　　　　　　　「パート・アルバイト・嘱託・派遣・出向」（第一法規・編著）
　　　　　　　「現代労務管理要覧」（新日本法規・編著）
　　　　　　　「社員の問題行為への適正な対応がわかる本」（第一法規・共著）

弁護士　岡芹　健夫（おかぜり　たけお）

髙井・岡芹法律事務所 所長（千代田区九段北4-1-5　市ヶ谷法曹ビル902号室）
　平成6年弁護士登録（第一東京弁護士会）。経営法曹会議幹事。筑波大学法科大学院講師。
　　＜著書＞　「人事・法務担当者のためのメンタルヘルス対策の手引」（民事法研究会）
　　　　　　　「雇用と解雇の法律実務」（弘文堂）
　　　　　　　「労働条件の不利益変更　適正な対応と実務」（労務行政）
　　　　　　　「労働法実務　使用者側の実践知」（有斐閣）

弁護士　**緒方　彰人**（おがた　あきひと）

加茂法律事務所 パートナー弁護士（中央区八重洲２－８－７　福岡ビル７階）
　平成 12 年弁護士登録（第一東京弁護士会）。経営法曹会議所属。
　主に人事労働、会社法務（商事・民事事件等）、倒産法務、損保事件などを手掛ける。
　＜著書＞　「Ｑ＆Ａ建設業トラブル解決の手引き」（新日本法規出版・共著）
　　　　　　「現代　労務管理要覧」（新日本法規出版・共著）
　　　　　　「賃金・賞与・退職金の実務Ｑ＆Ａ」（三協法規出版・共著）
　　　　　　「多様な働き方の実務必携Ｑ＆Ａ」（民事法研究会・共著）

弁護士　**中町　誠**（なかまち　まこと）

中町誠法律事務所（中央区銀座７－８－５　植松ビル９階）
　昭和 53 年弁護士登録（第一東京弁護士会）。経営法曹会議常任幹事。
　平成 19 年４月〜22 年３月　東京大学法科大学院客員教授（労働法実務家教員）
　＜著書＞　「最高裁労働判例４・５・６・７・10」（日経連・共著）
　　　　　　「労働法実務ハンドブック（第３版）」（中央経済社・共著）
　　　　　　「労働条件の変更（第２版）」（中央経済社）
　　　　　　「論点体系　判例労働法１」（第一法規・共著）

弁護士　**渡部　邦昭**（わたなべ　くにあき）

渡部総合法律事務所（広島市中区上八丁堀８－14　安芸リーガルビル４階）
　昭和 51 年 12 月　大阪弁護士会より広島弁護士会に登録換え、平成７年広島弁護士会副会長。
　経営法曹会議に所属。主として中小企業の人事労務問題、会社法務（商事・民事・倒産）問題、
　相続問題などを手掛ける。
　＜著書＞　「転職・中途採用をめぐる法律実務」（広島県経営者協会監修）
　　　　　　「労働法実務ハンドブック」（中央経済社・共著）
　　　　　　「ロータリーと学び」（広島陵北ロータリークラブ監修）

経営側弁護士による

精選　労働判例集　第 13 集

2023 年　7 月　3 日　初版

著　　　者　　石井　妙子　　岩本　充史
　　　　　　　牛嶋　　勉　　岡芹　健夫
　　　　　　　緒方　彰人　　中町　　誠
　　　　　　　渡部　邦昭

発 行 所　　株式会社労働新聞社
　　　　　　　〒 173-0022　東京都板橋区仲町 29-9
　　　　　　　TEL：03-5926-6888（出版）　03-3956-3151（代表）
　　　　　　　FAX：03-5926-3180（出版）　03-3956-1611（代表）
　　　　　　　https://www.rodo.co.jp　　　　　pub@rodo.co.jp
表　　　紙　　尾﨑　篤史
印　　　刷　　株式会社ビーワイエス

ISBN 978-4-89761-934-7